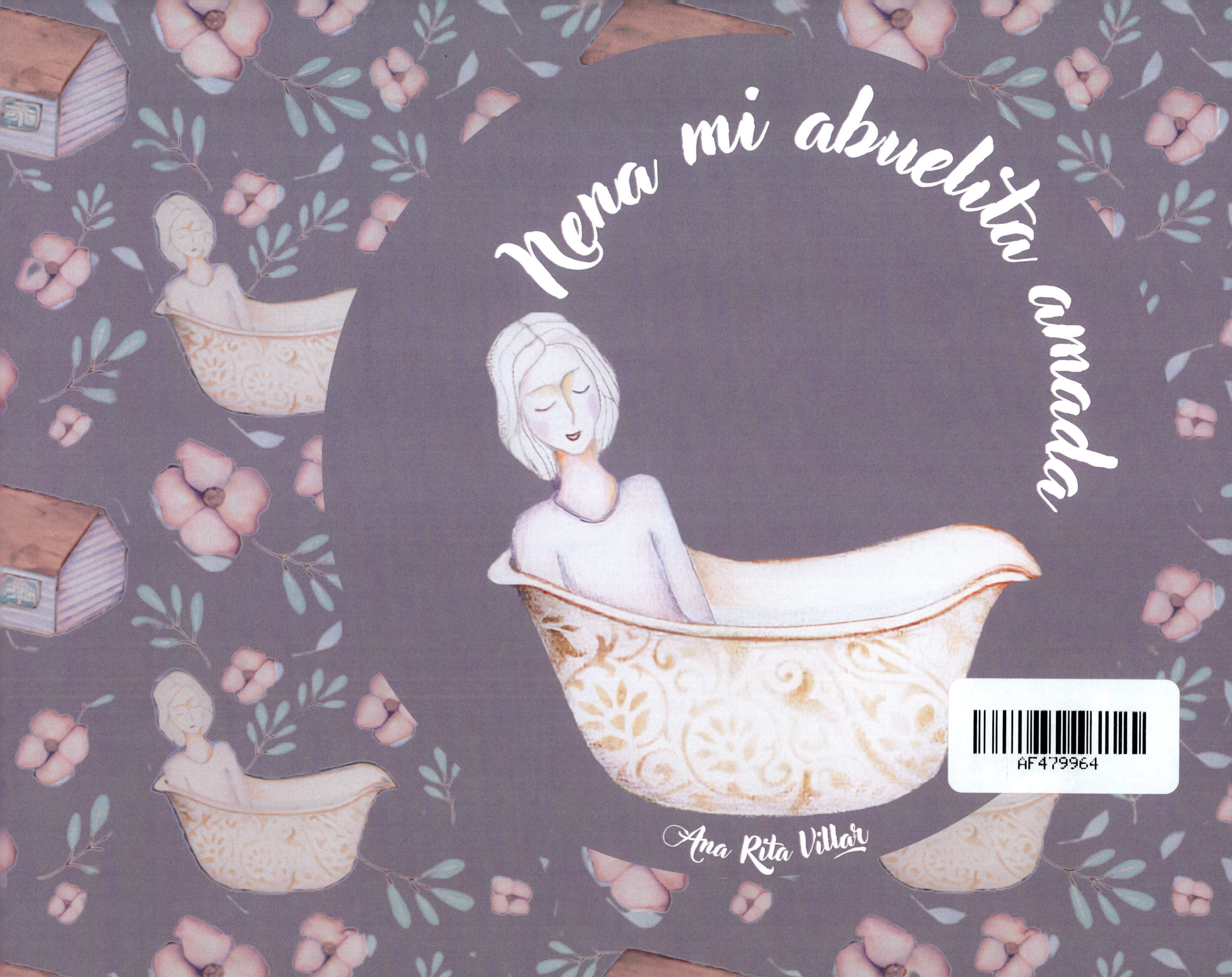

Nena mi abuelita amada
Ana Rita Villar

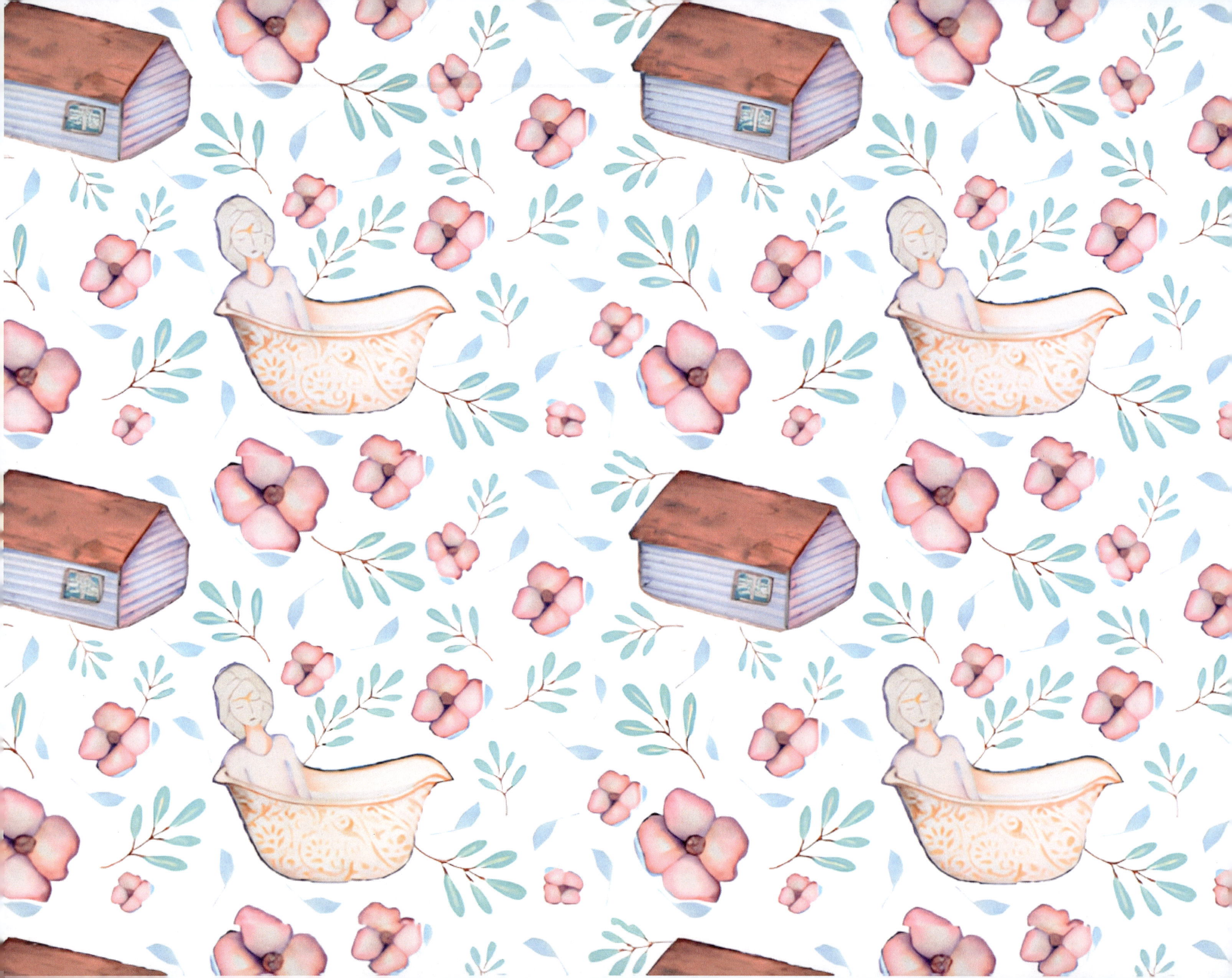

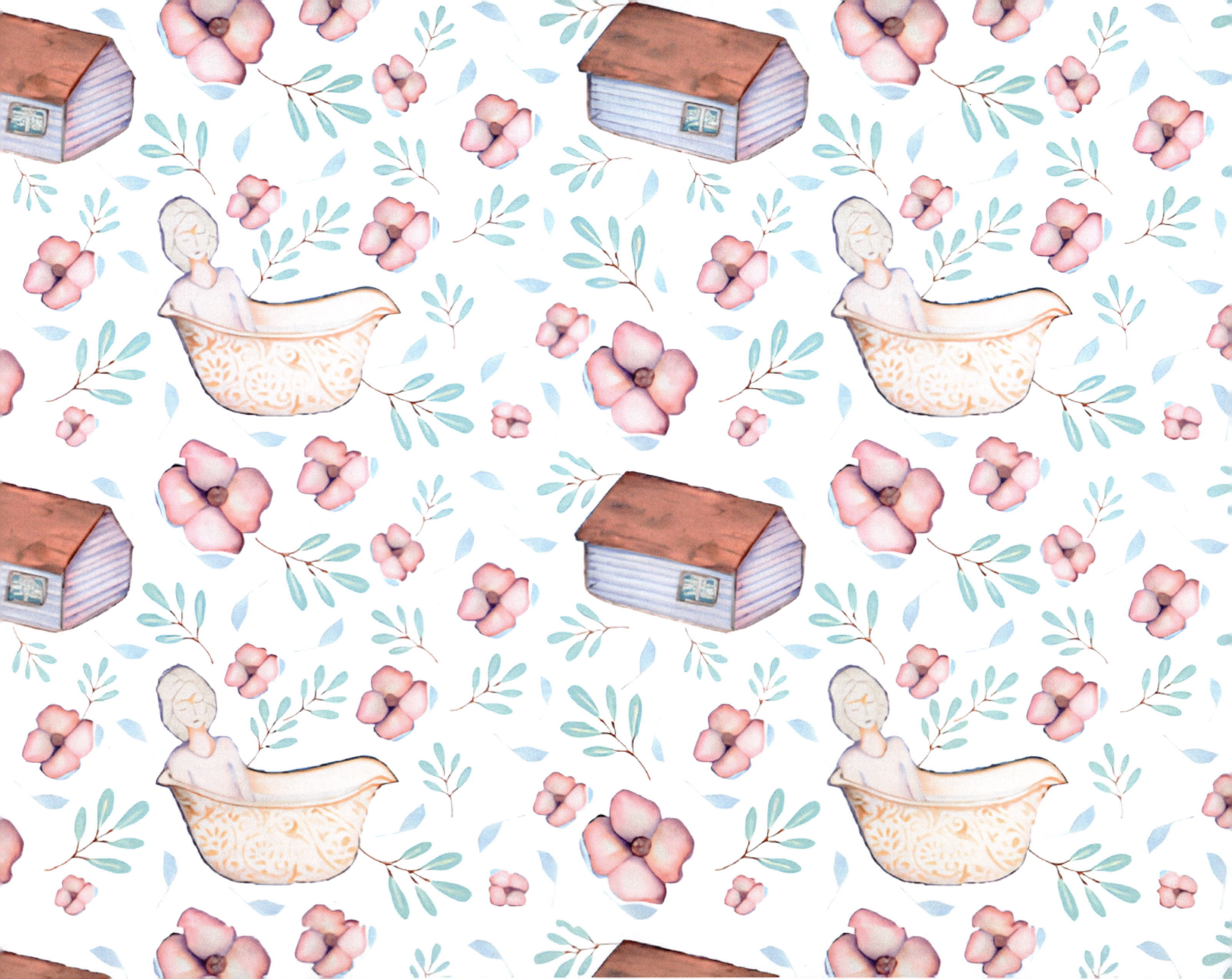

Nena, mi abuelita amada

Es una historia que nos habla del amor filial. Describe la bondad y la entrega amorosa de una dulce abuelita,

que brinda sus cuidados a manos llenas a todos sus familiares.

Su legado de amor es tan profundo, que al partir de este mundo,

su recuerdo sigue vivo en los corazones de todos los que recibieron la impronta de su cariño sincero.

Título:
Nena: Mi abuelita amada
Ana Rita Villar

ISBN:
979-8-8692-9146-2

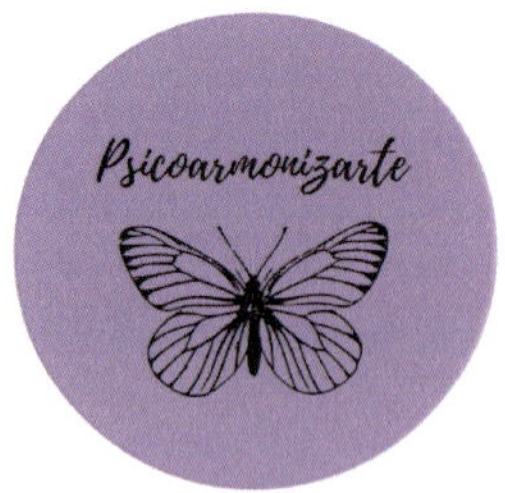

Valores implícitos

Amor, comprención, bondad, compación,
respeto, ternura, entrega incondicional,
entre otros.

Nena mi abuelita amada

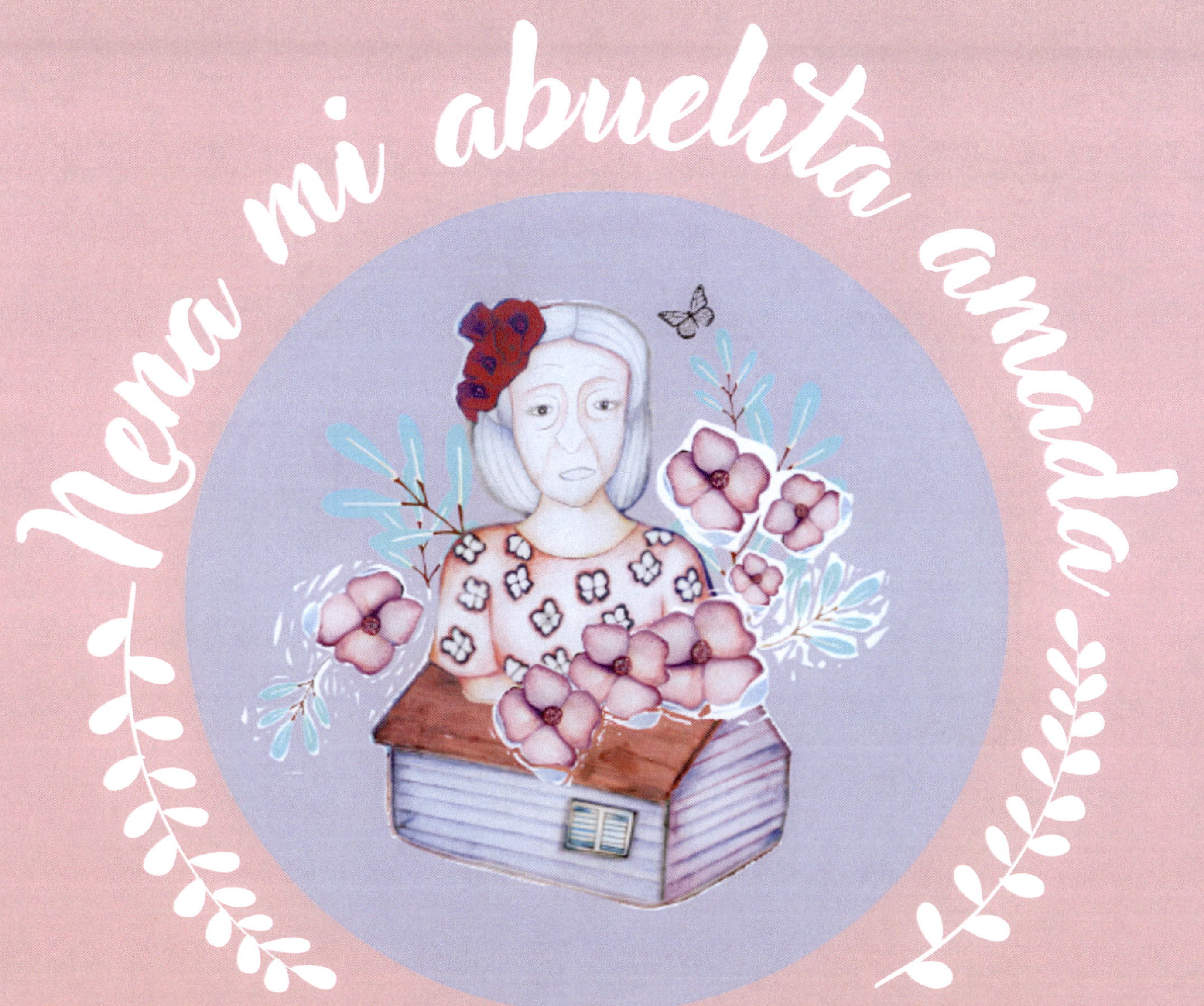

Ana Rita Villar

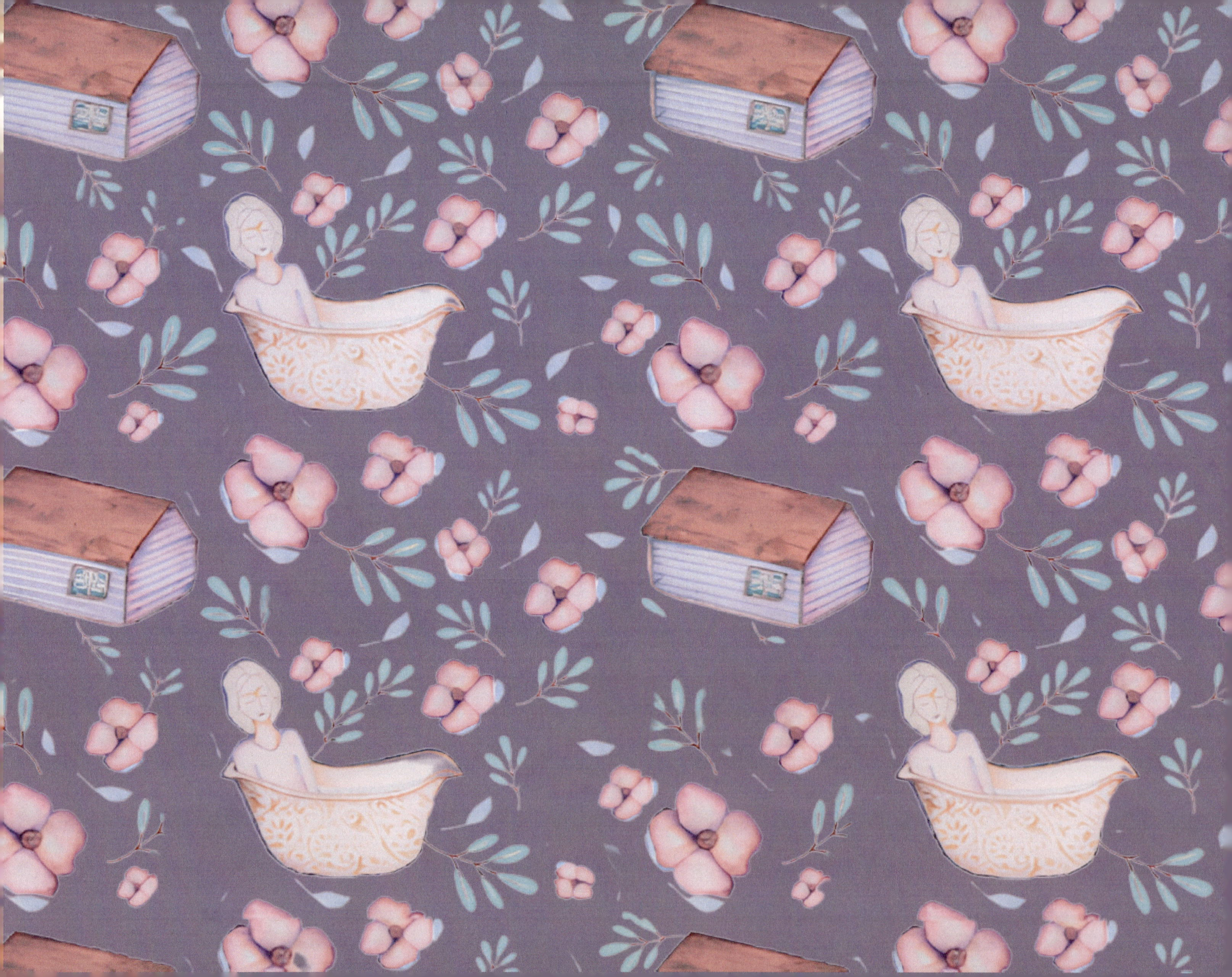

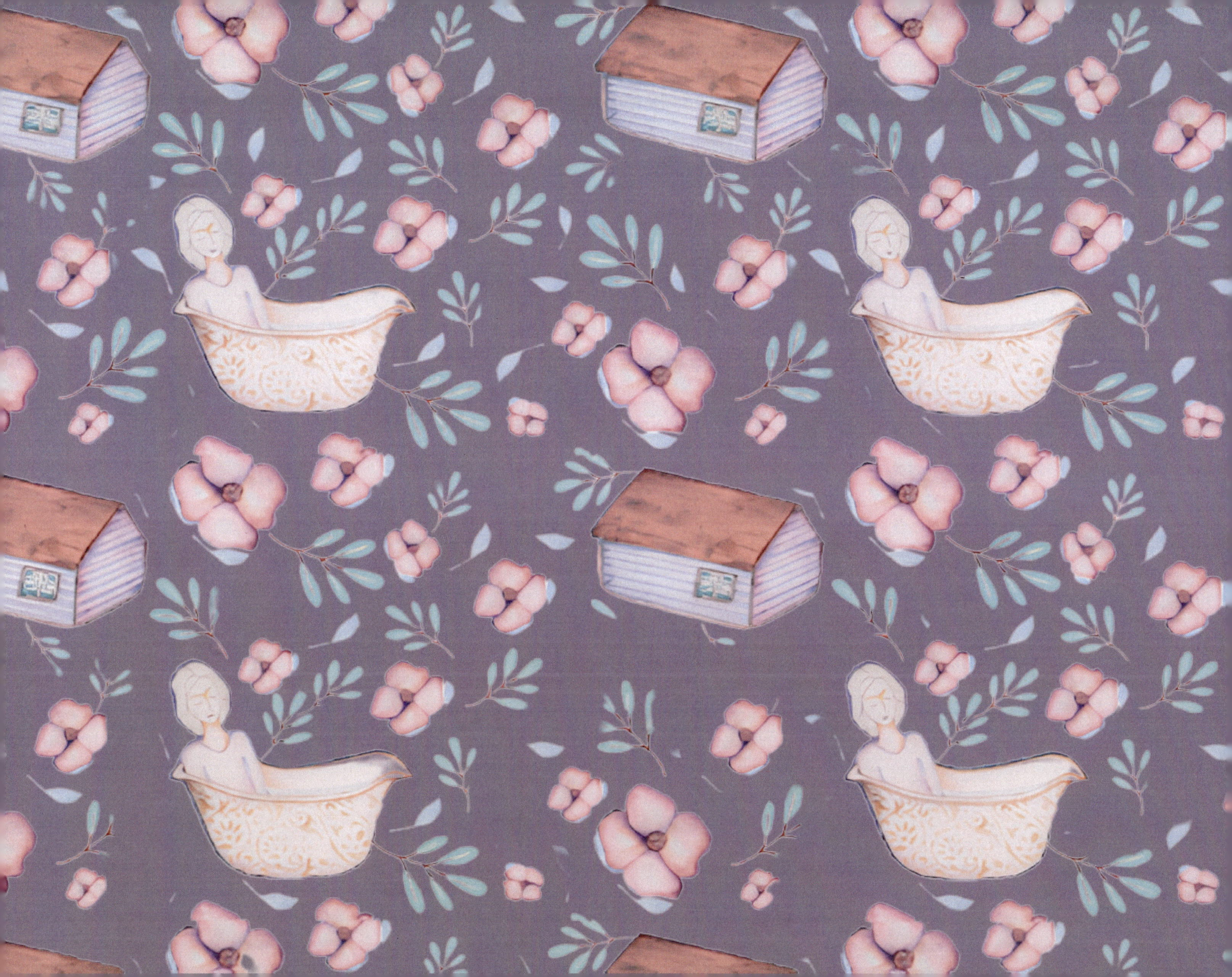

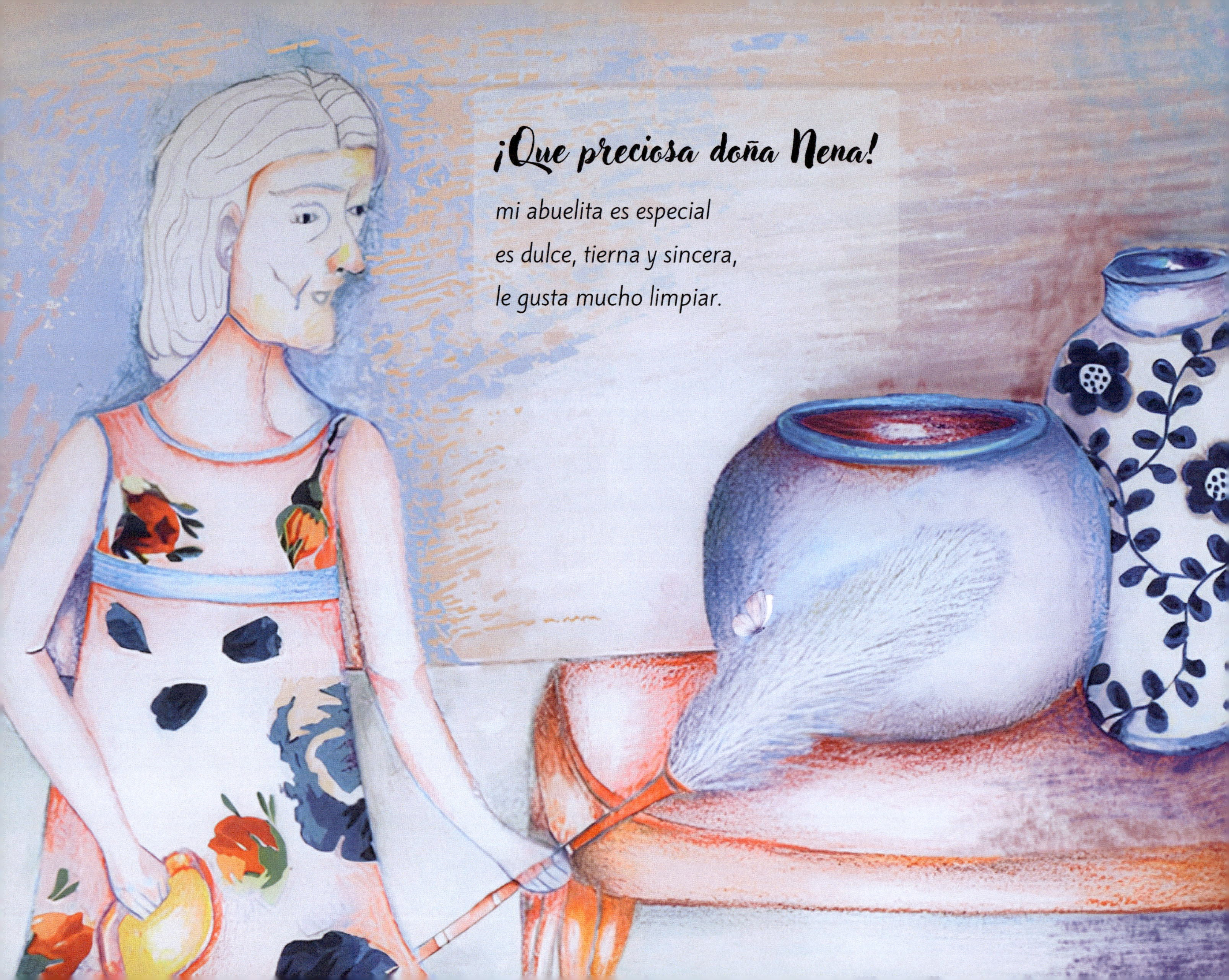

¡Que preciosa doña Nena!
mi abuelita es especial
es dulce, tierna y sincera,
le gusta mucho limpiar.

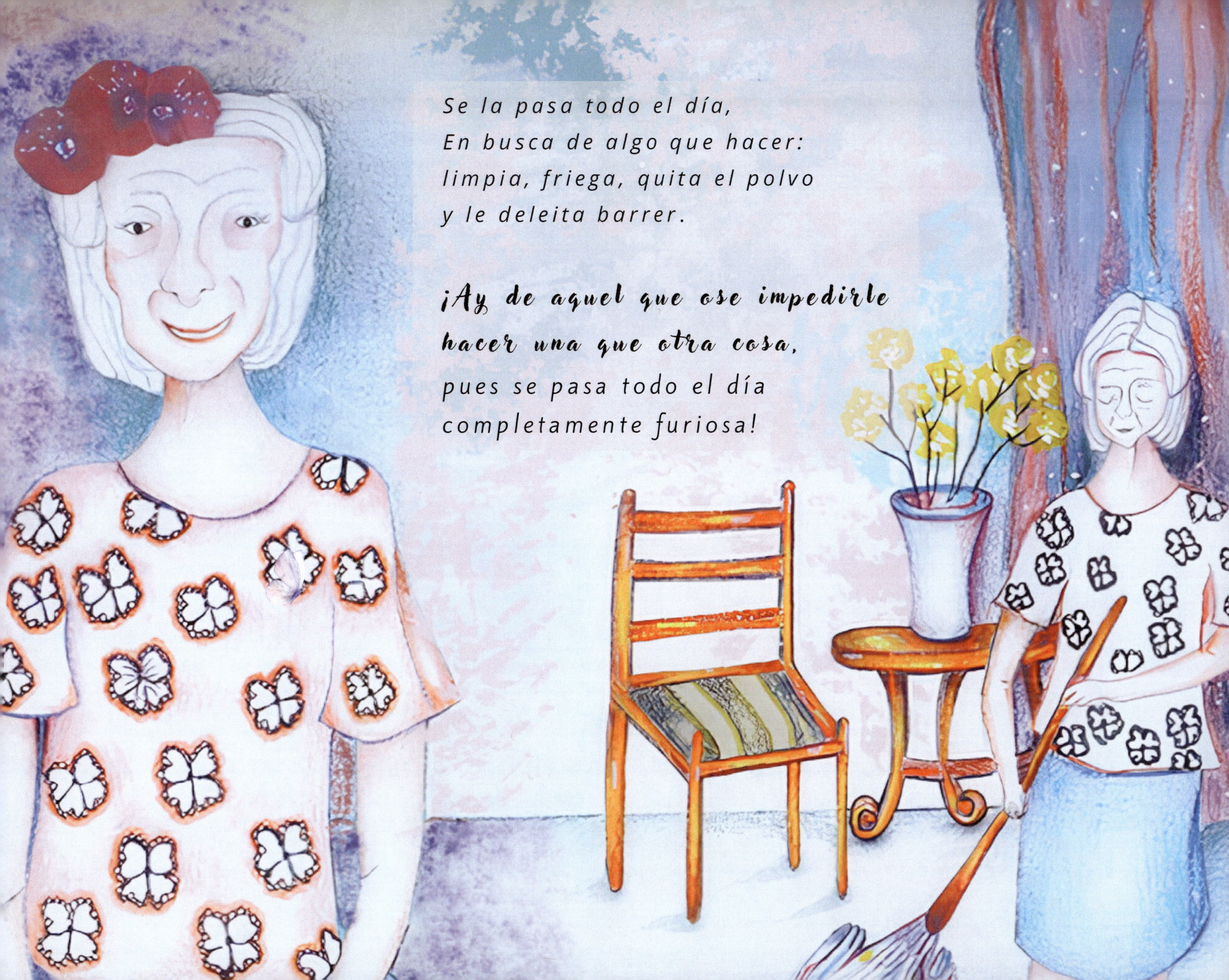

Se la pasa todo el día,
En busca de algo que hacer:
limpia, friega, quita el polvo
y le deleita barrer.

¡Ay de aquel que ose impedirle
hacer una que otra cosa,
pues se pasa todo el día
completamente furiosa!

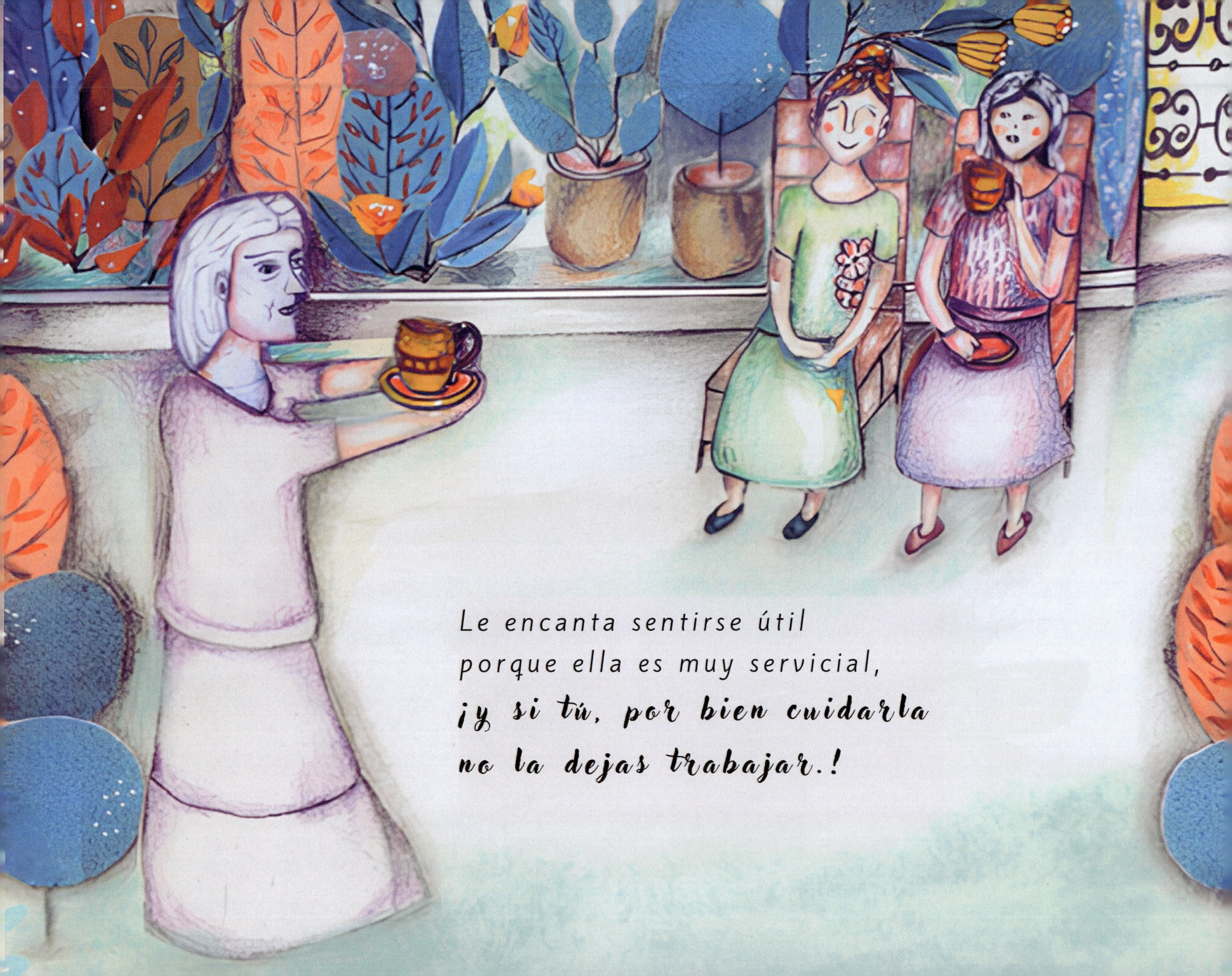

Le encanta sentirse útil
porque ella es muy servicial,
¡y si tú, por bien cuidarla
no la dejas trabajar.!

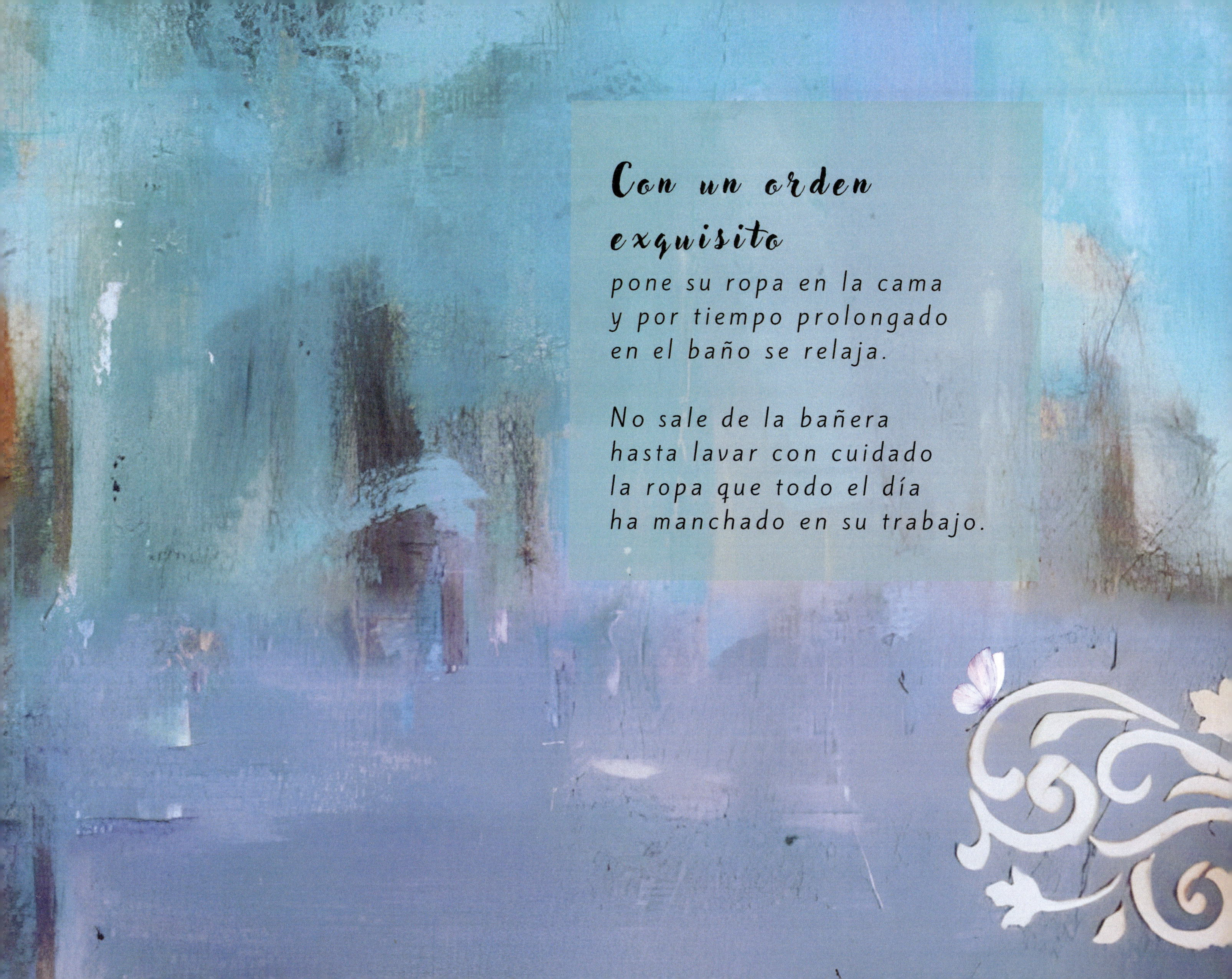

Con un orden
exquisito
pone su ropa en la cama
y por tiempo prolongado
en el baño se relaja.

No sale de la bañera
hasta lavar con cuidado
la ropa que todo el día
ha manchado en su trabajo.

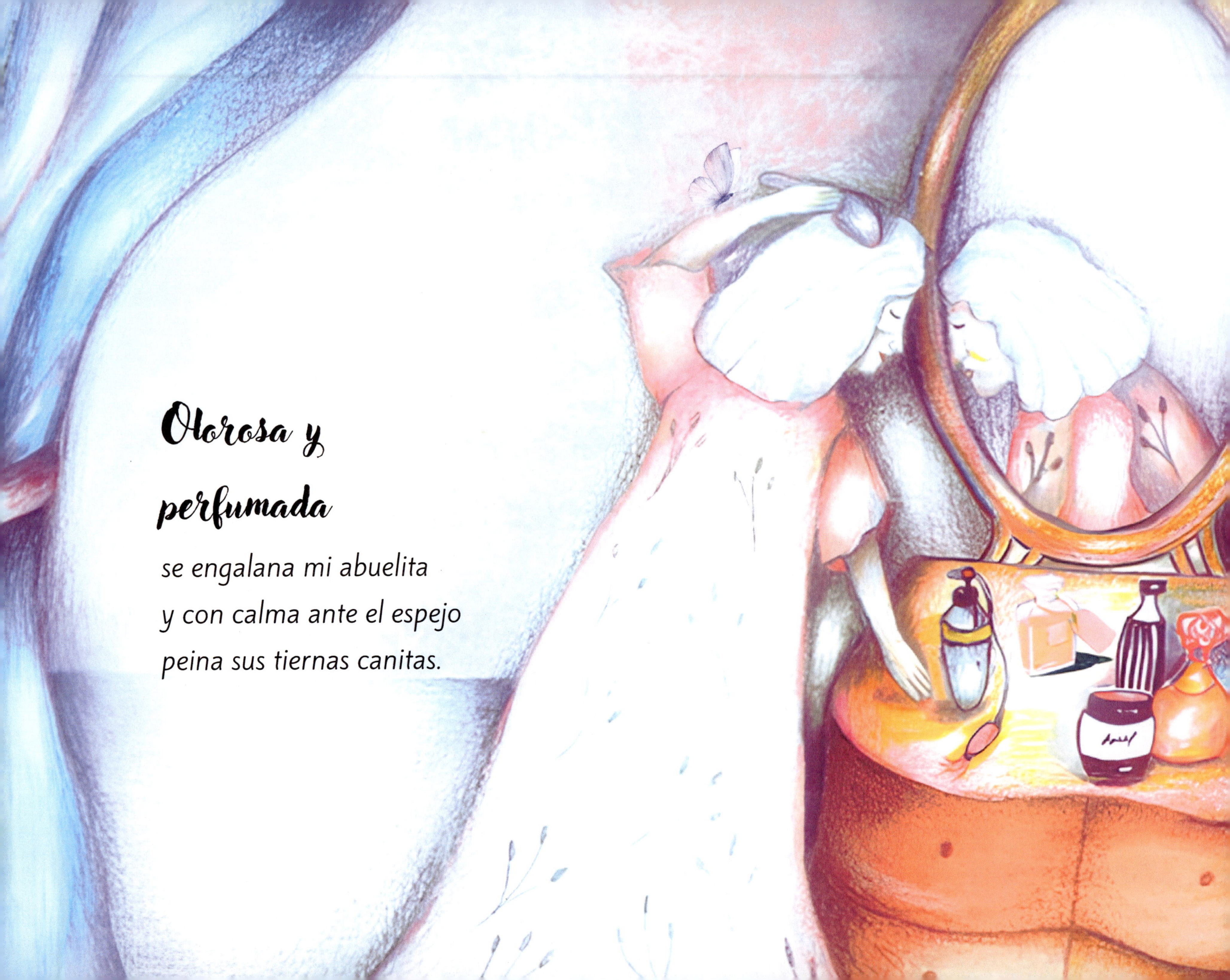

Olorosa y

perfumada

se engalana mi abuelita
y con calma ante el espejo
peina sus tiernas canitas.

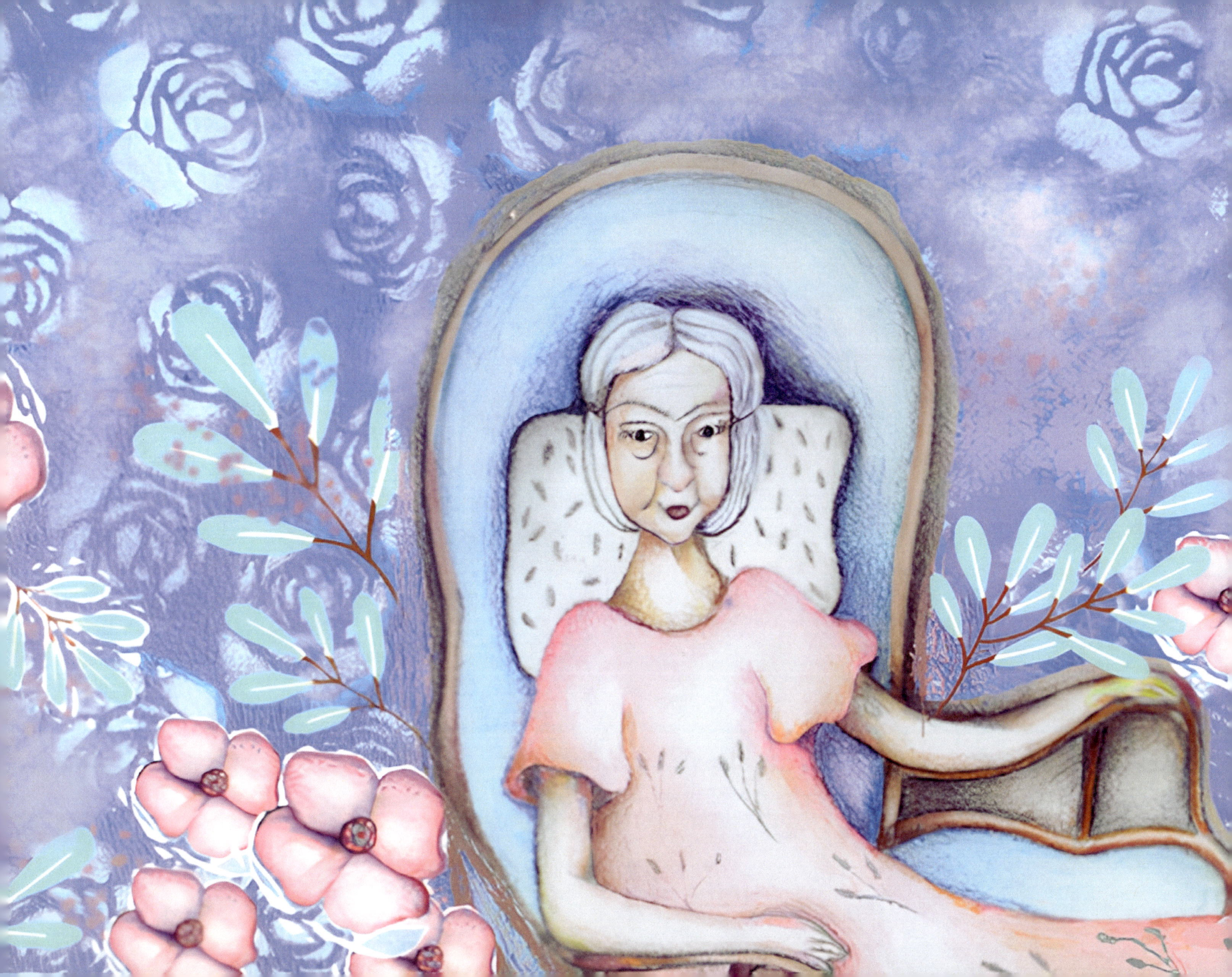

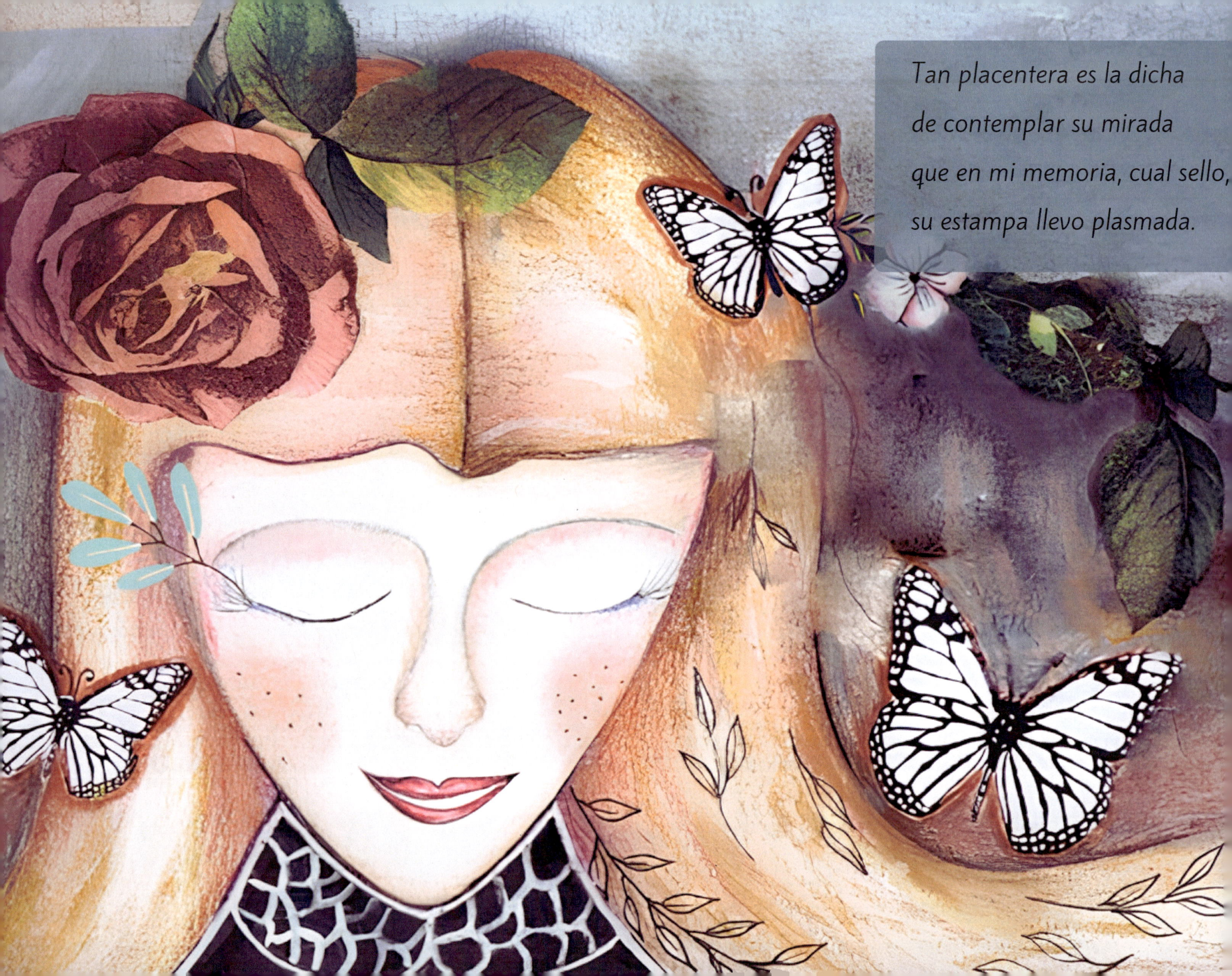
Tan placentera es la dicha
de contemplar su mirada
que en mi memoria, cual sello,
su estampa llevo plasmada.

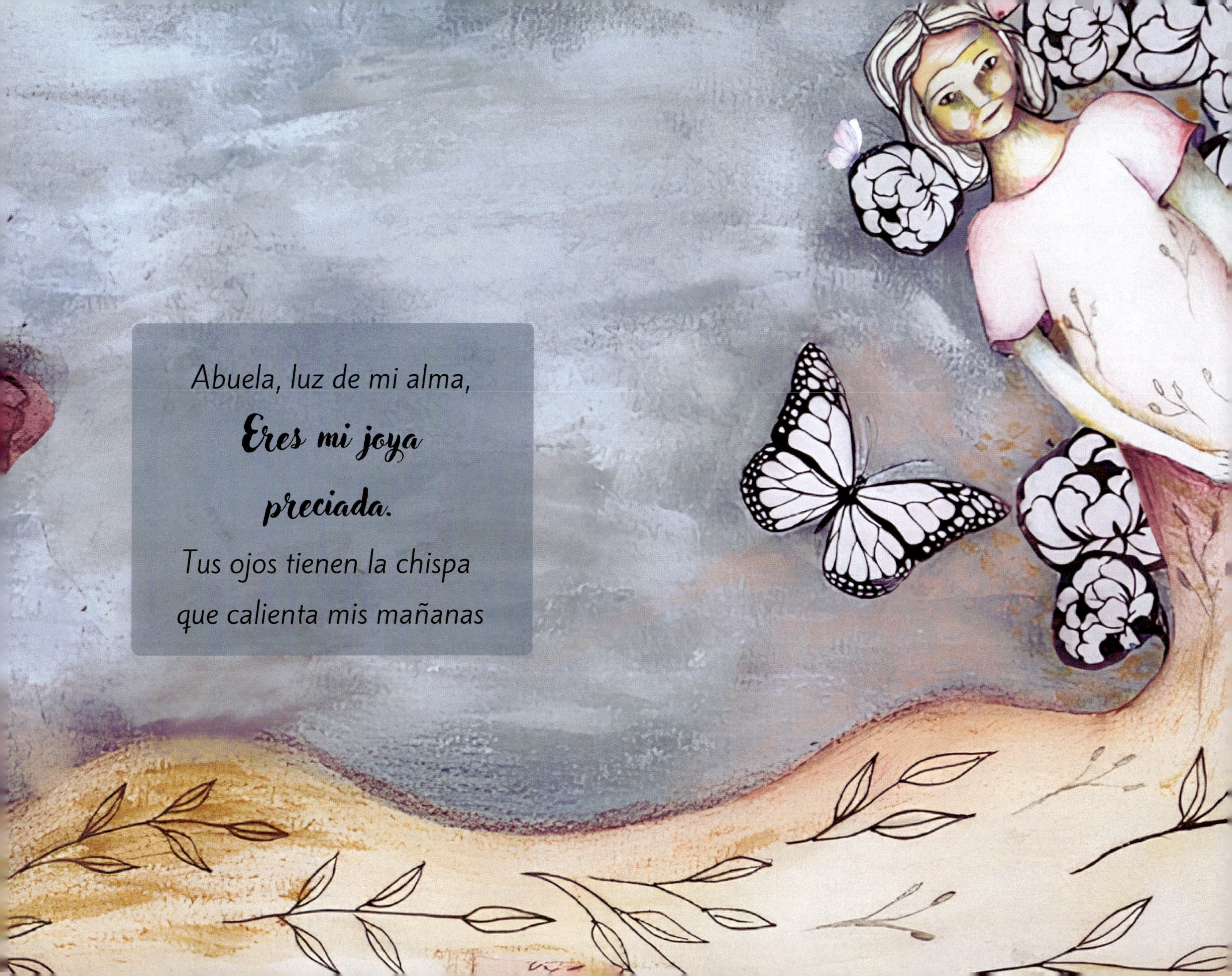

Abuela, luz de mi alma,
Eres mi joya
preciada.
Tus ojos tienen la chispa
que calienta mis mañanas

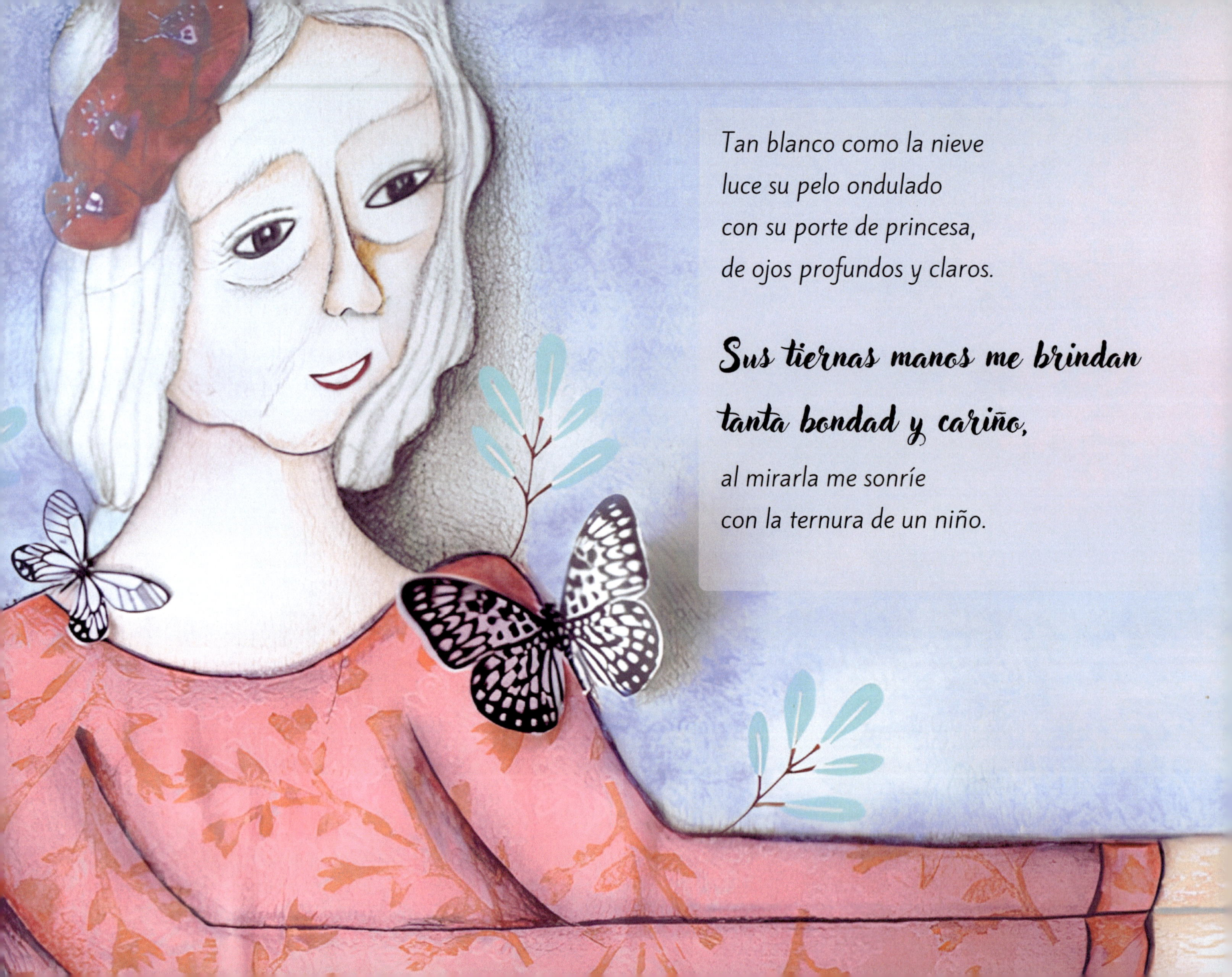

Tan blanco como la nieve
luce su pelo ondulado
con su porte de princesa,
de ojos profundos y claros.

Sus tiernas manos me brindan
tanta bondad y cariño,
al mirarla me sonríe
con la ternura de un niño.

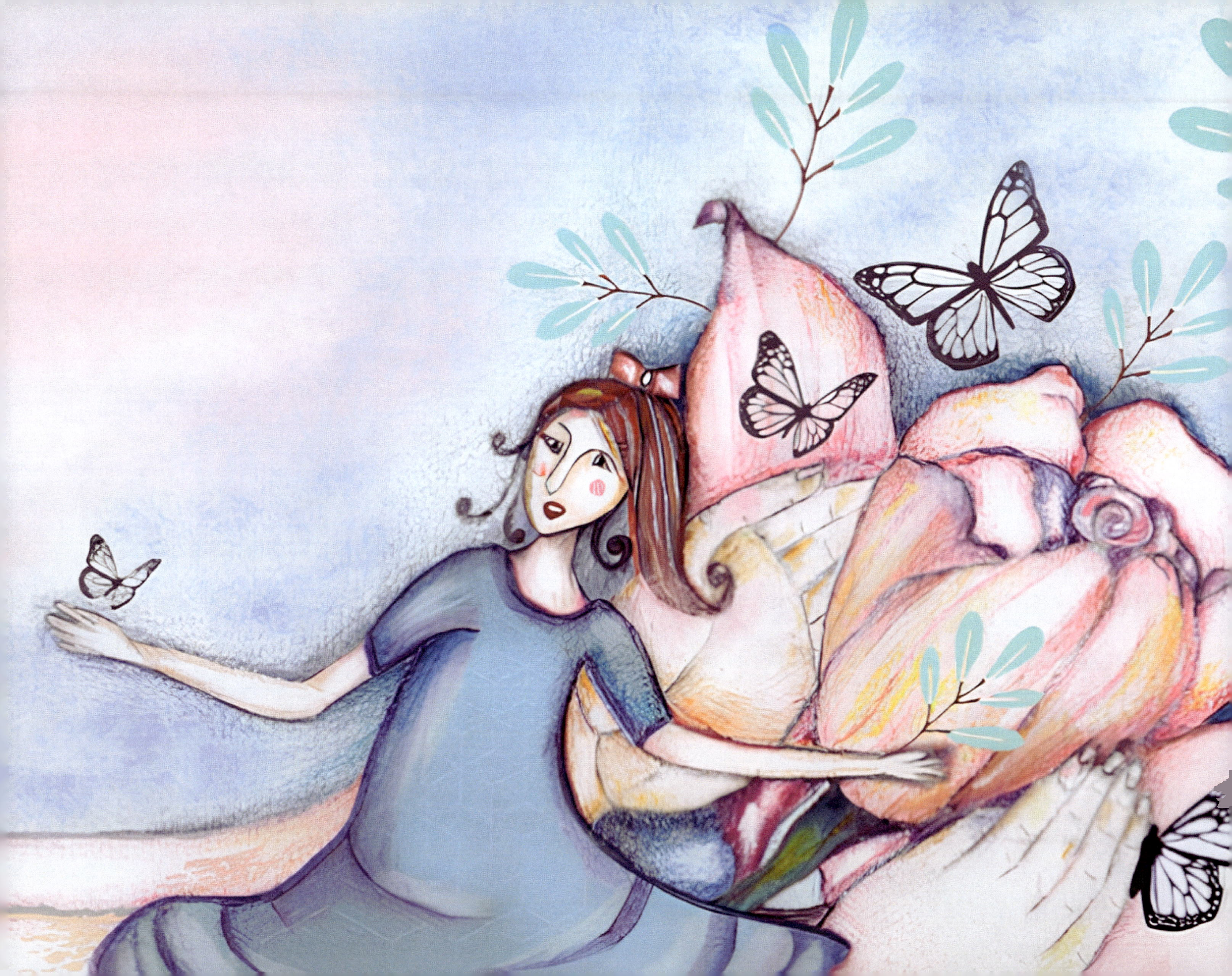

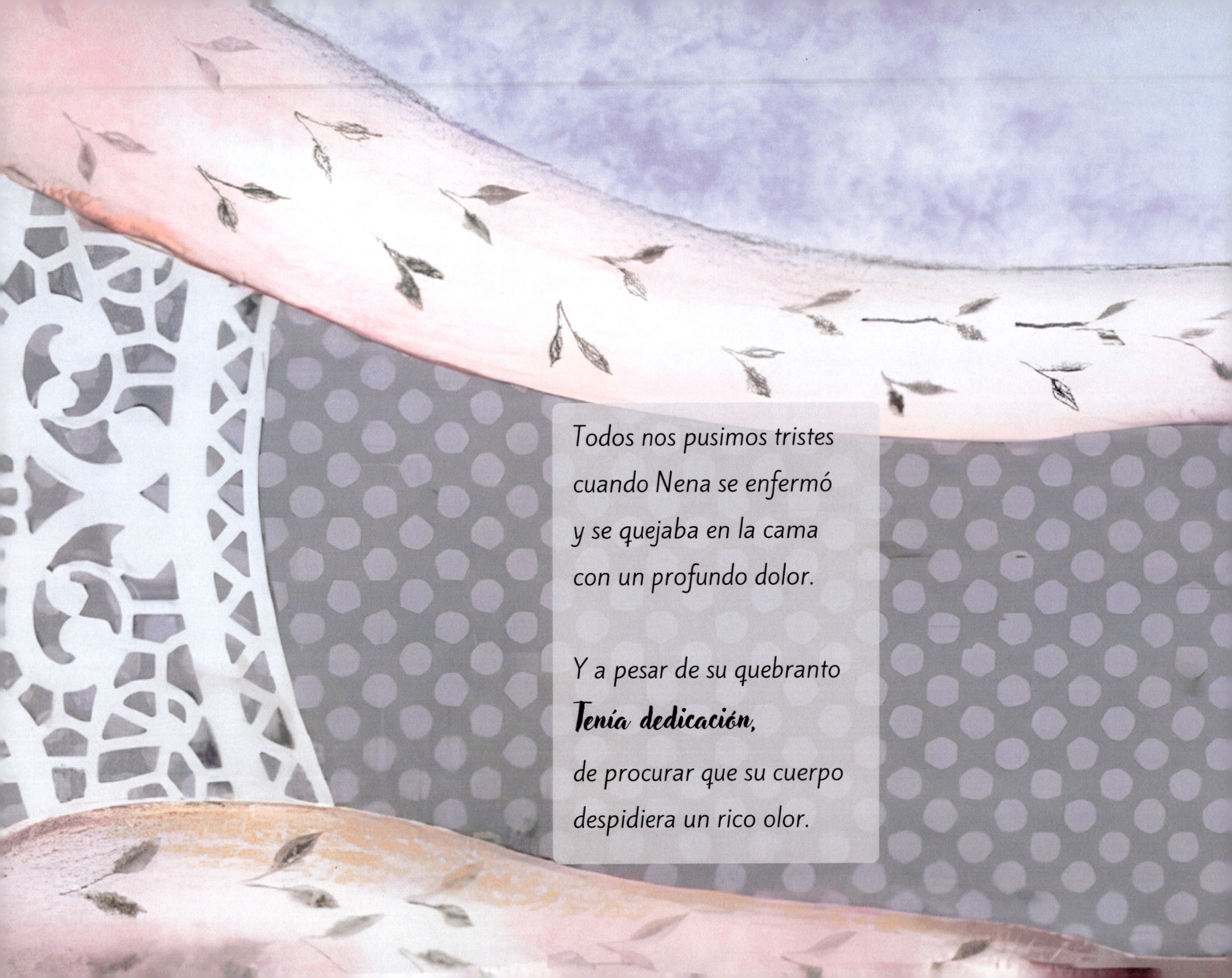

Todos nos pusimos tristes
cuando Nena se enfermó
y se quejaba en la cama
con un profundo dolor.

Y a pesar de su quebranto
Tenía dedicación,
de procurar que su cuerpo
despidiera un rico olor.

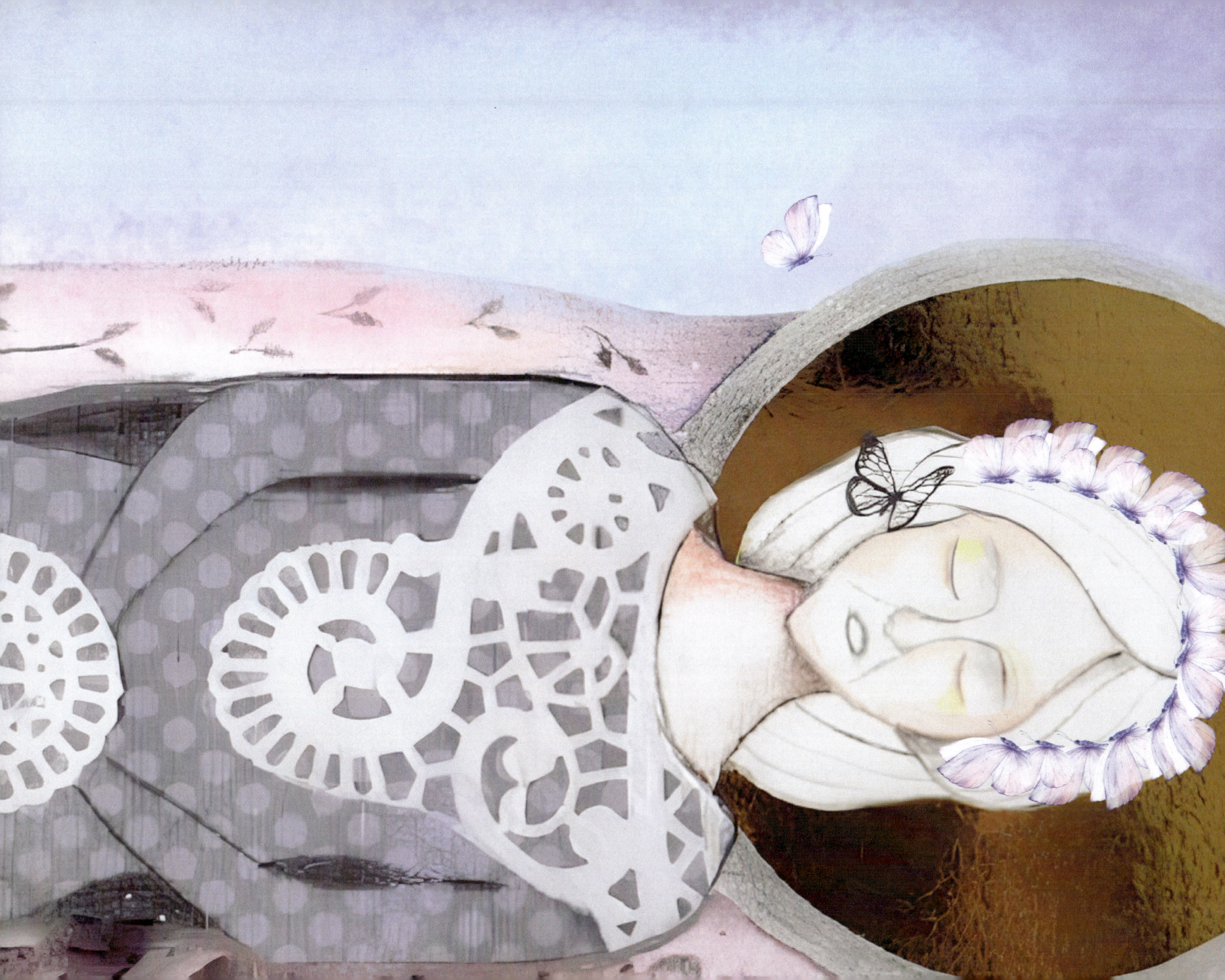

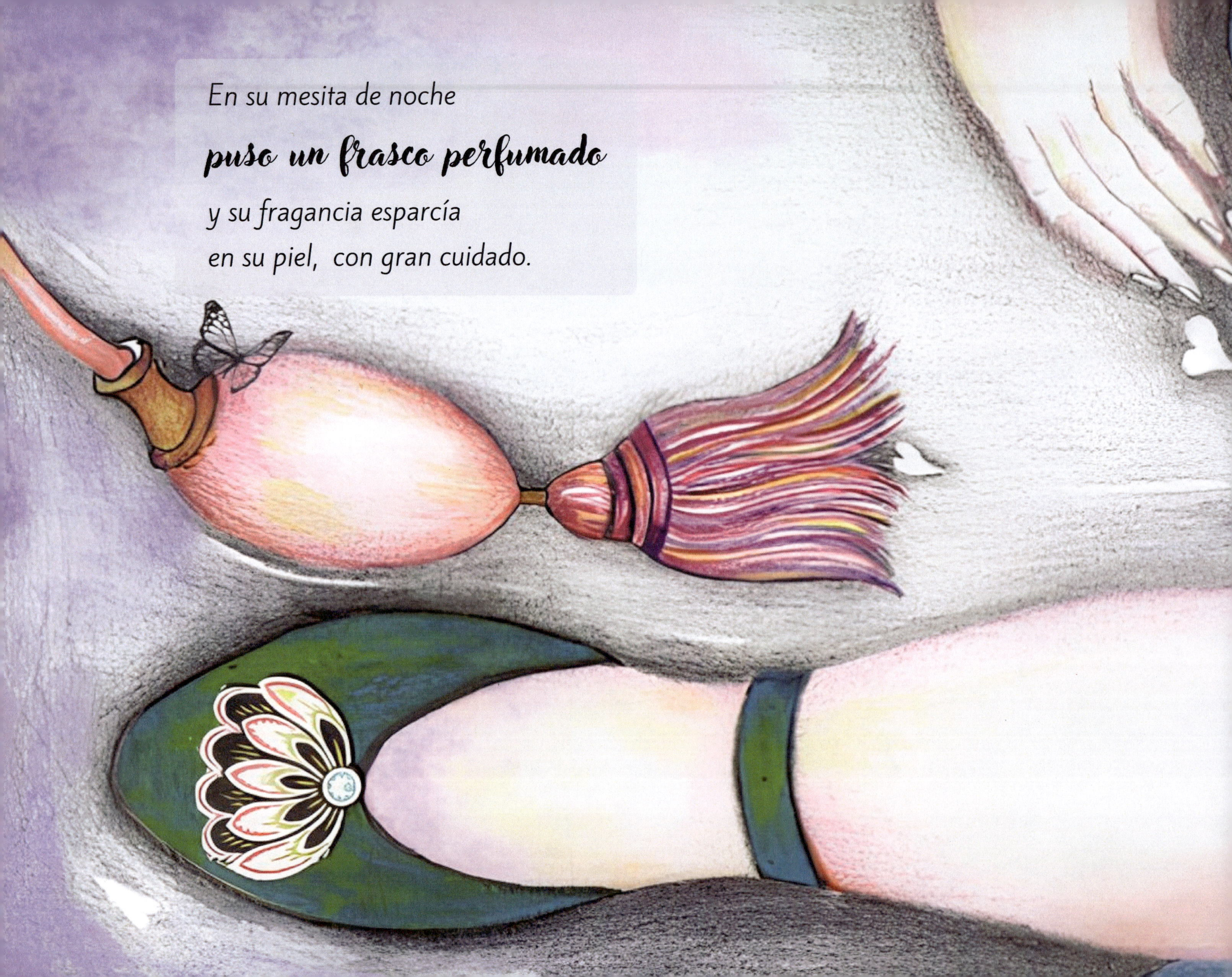

En su mesita de noche

puso un frasco perfumado

y su fragancia esparcía
en su piel, con gran cuidado.

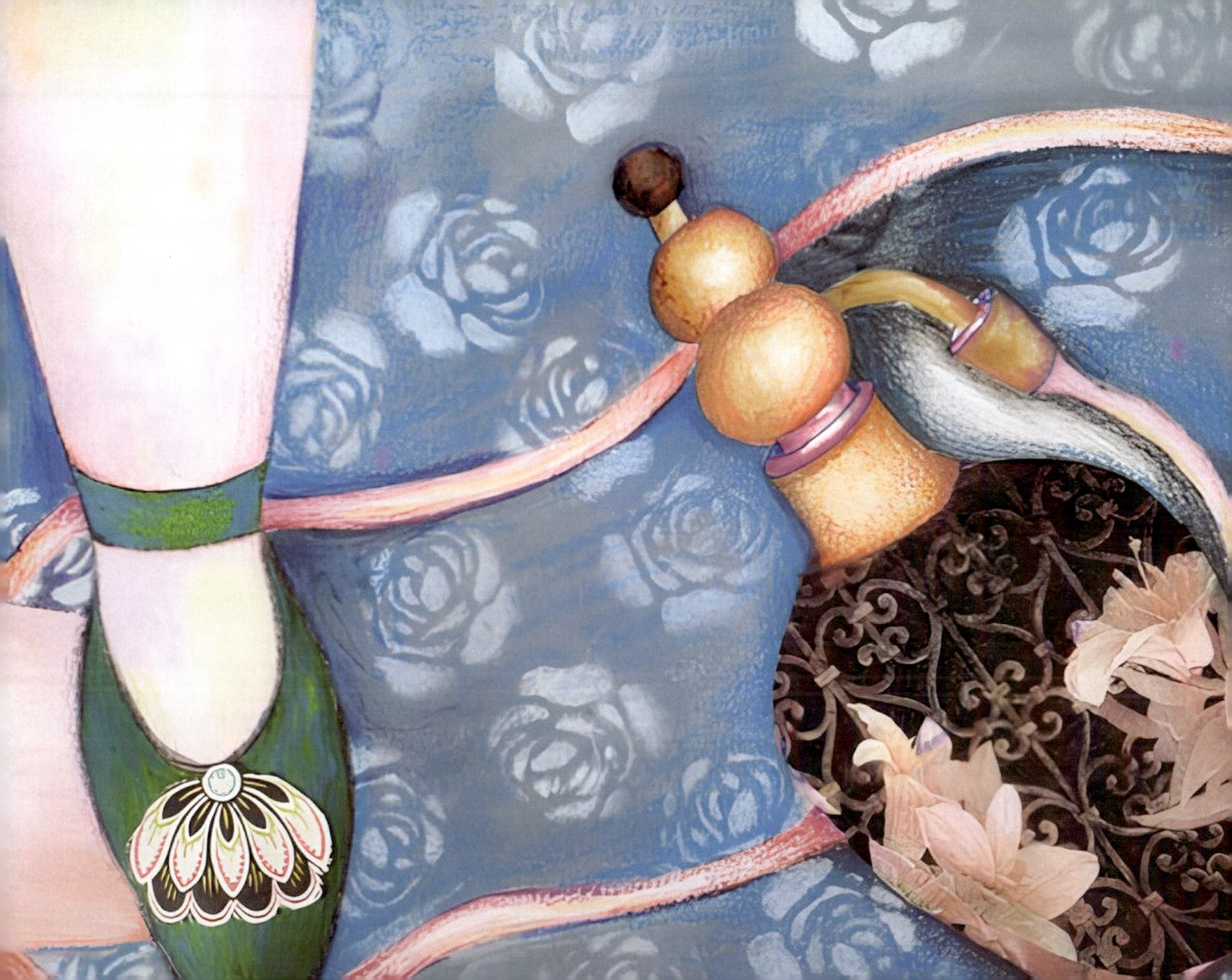

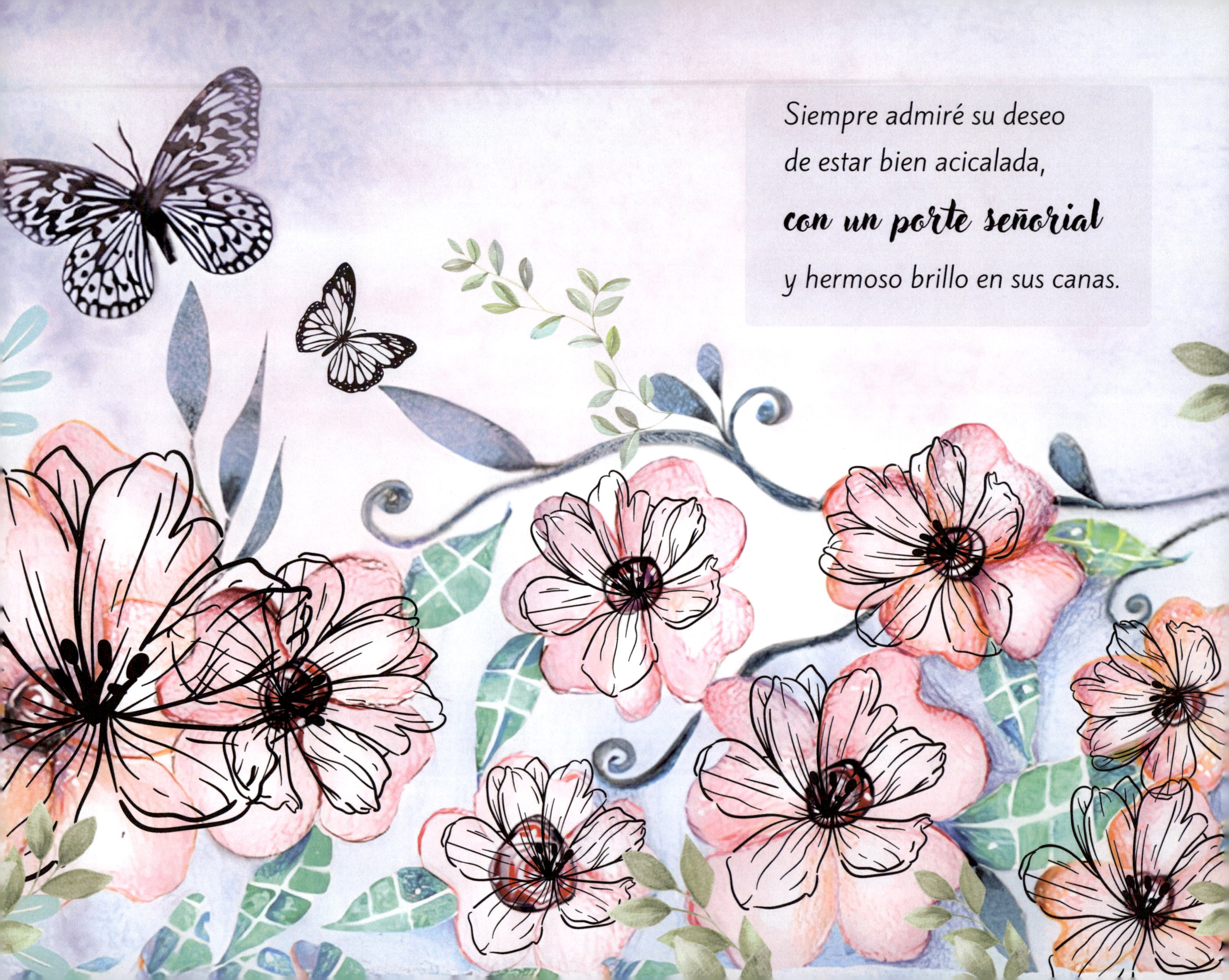

Siempre admiré su deseo
de estar bien acicalada,
con un porte señorial
y hermoso brillo en sus canas.

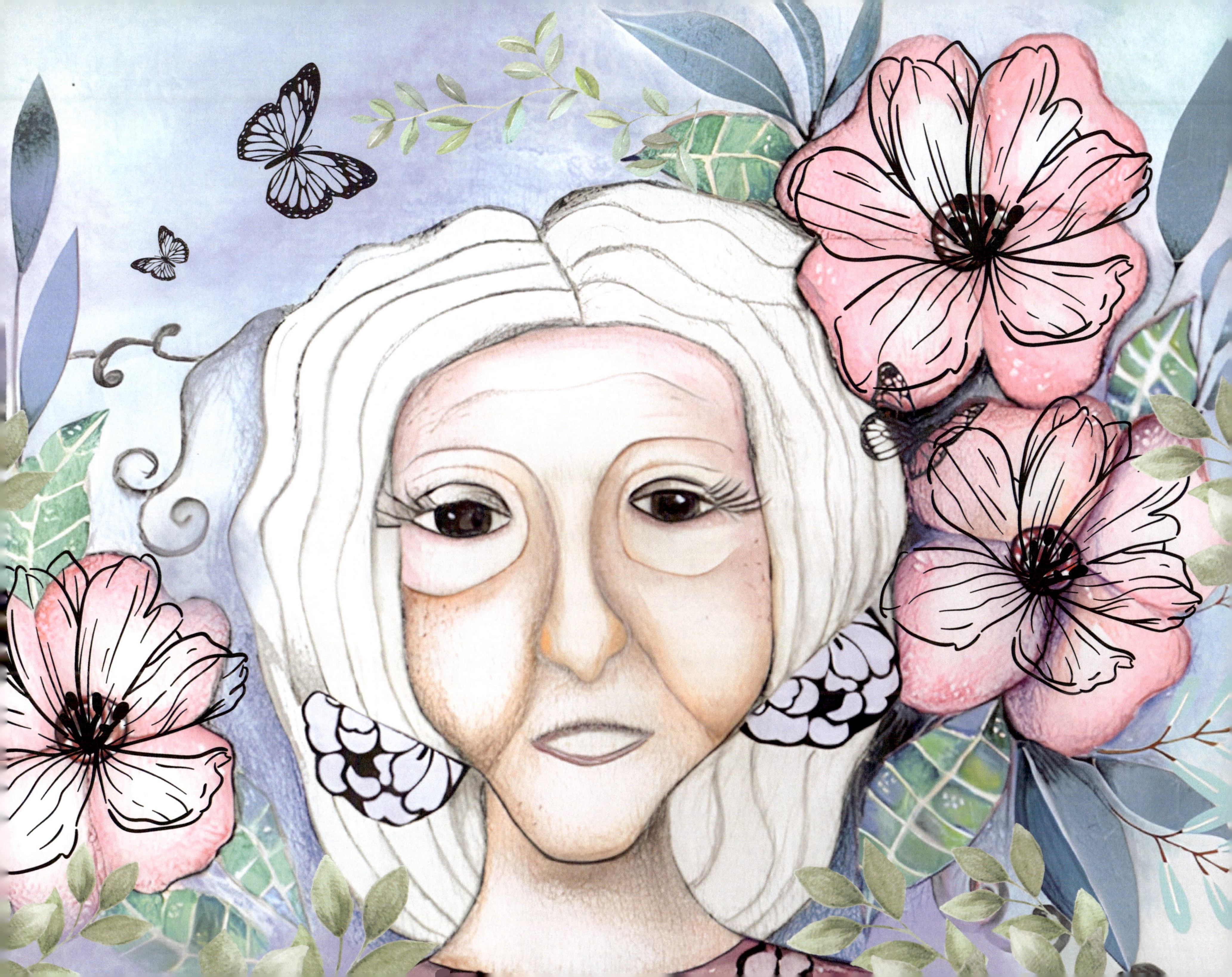

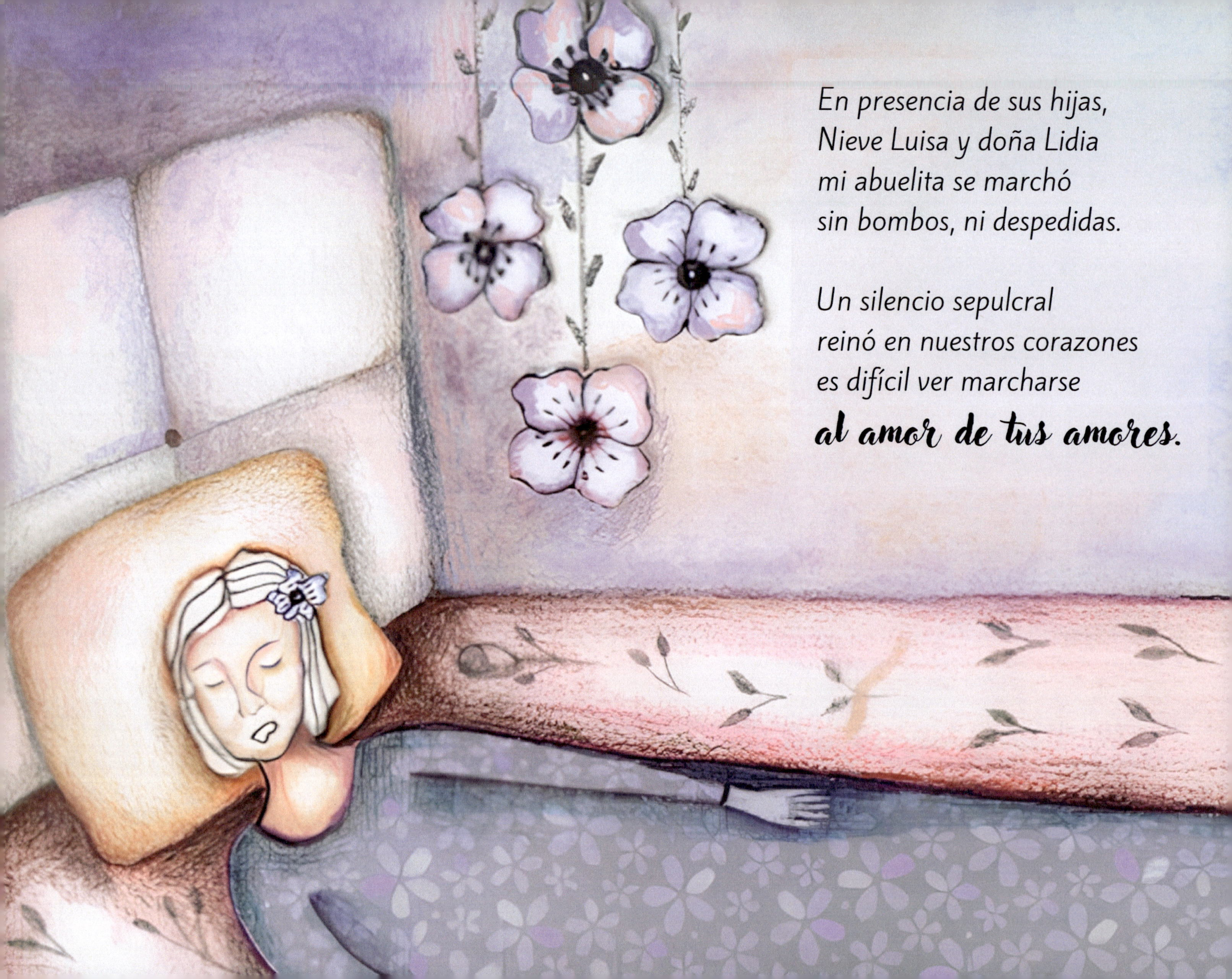

En presencia de sus hijas,
Nieve Luisa y doña Lidia
mi abuelita se marchó
sin bombos, ni despedidas.

Un silencio sepulcral
reinó en nuestros corazones
es difícil ver marcharse
al amor de tus amores.

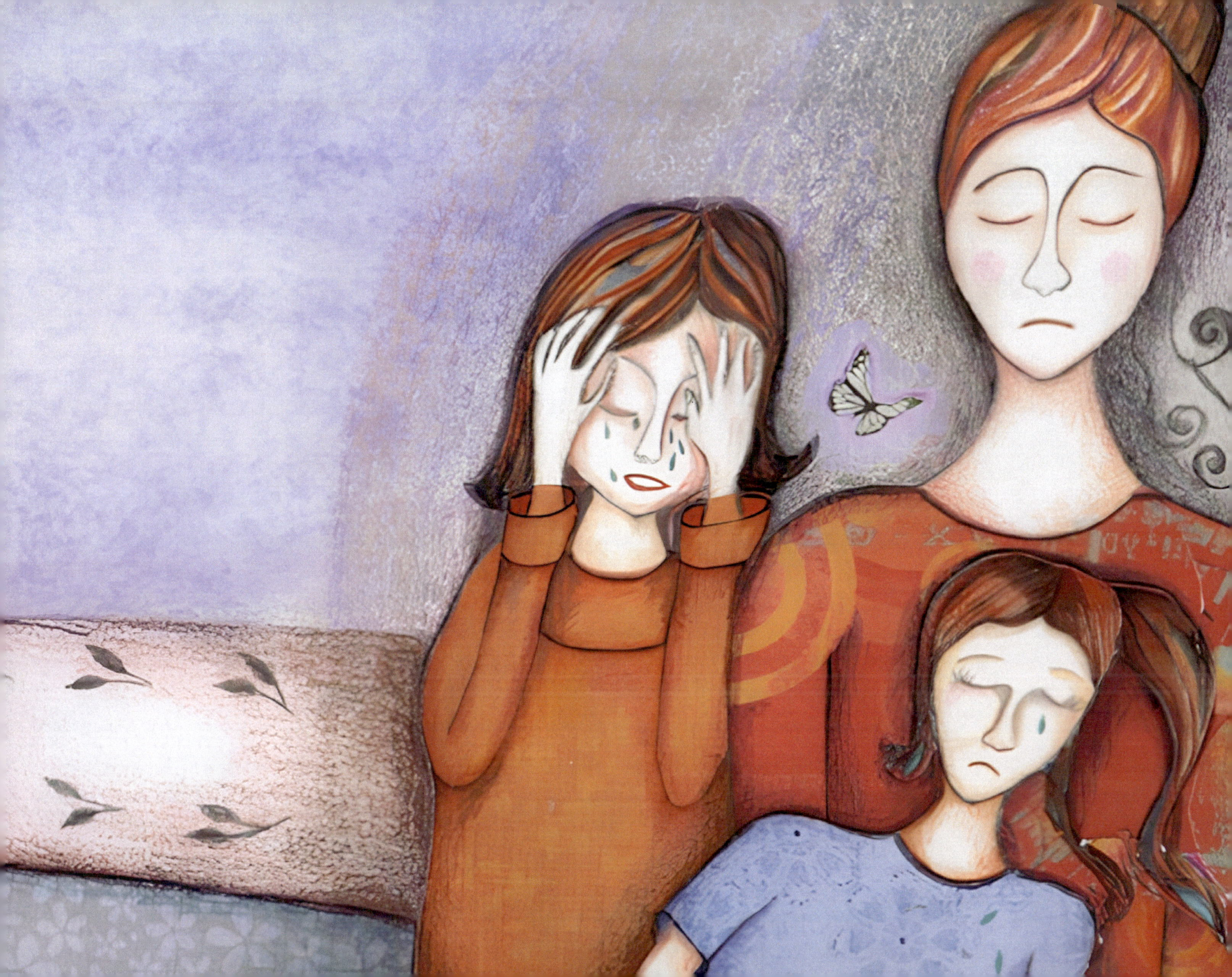

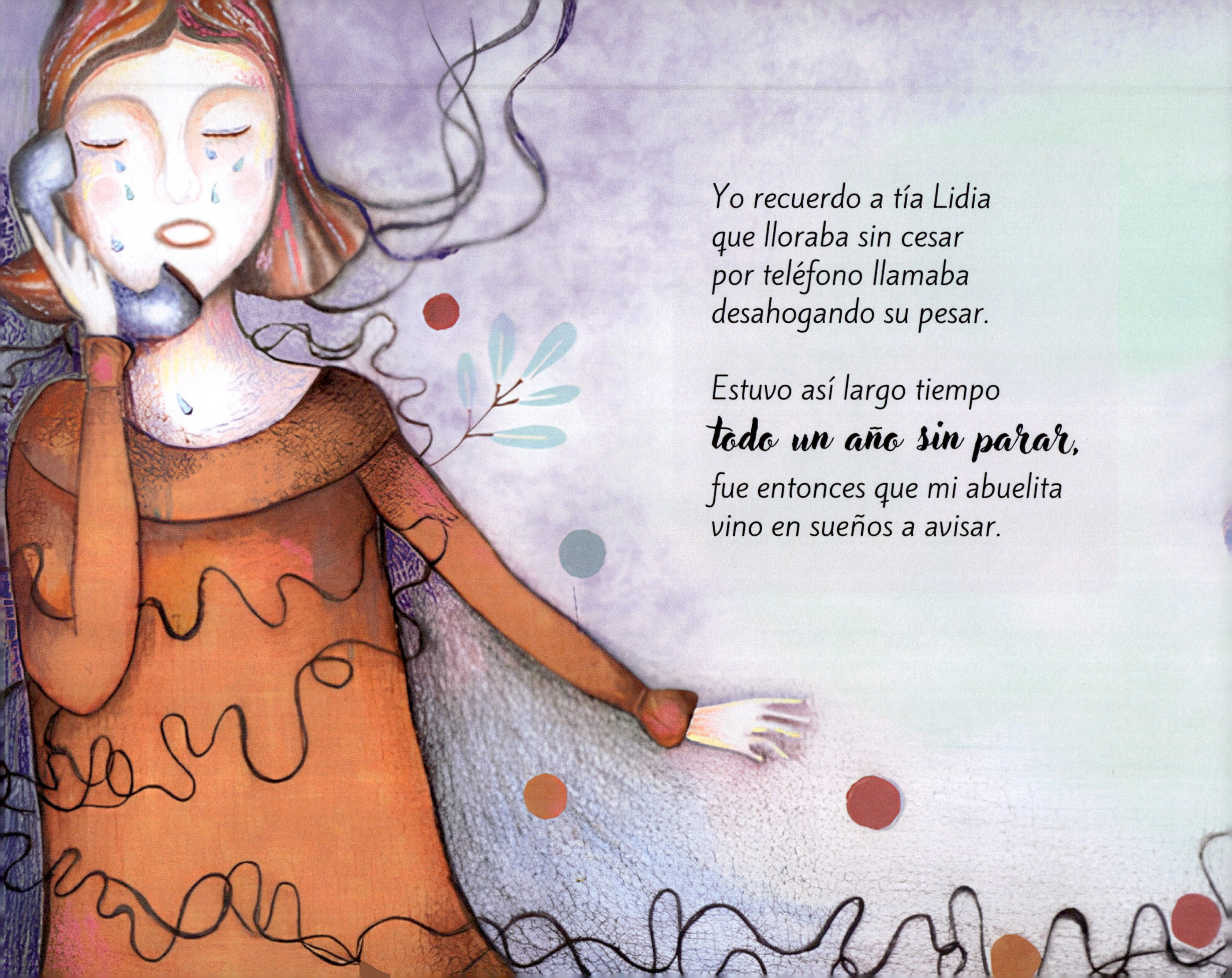

Yo recuerdo a tía Lidia
que lloraba sin cesar
por teléfono llamaba
desahogando su pesar.

Estuvo así largo tiempo
todo un año sin parar,
fue entonces que mi abuelita
vino en sueños a avisar.

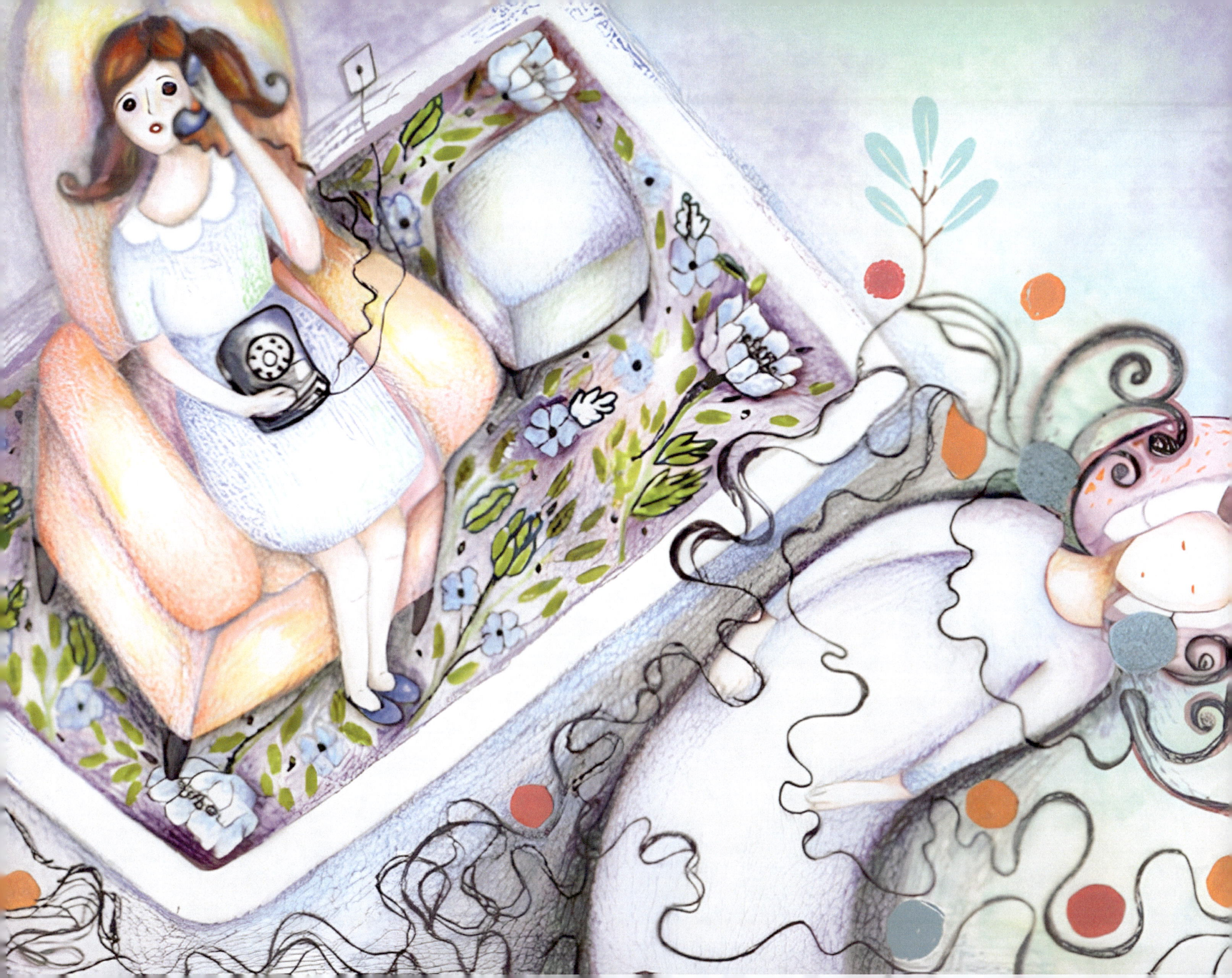

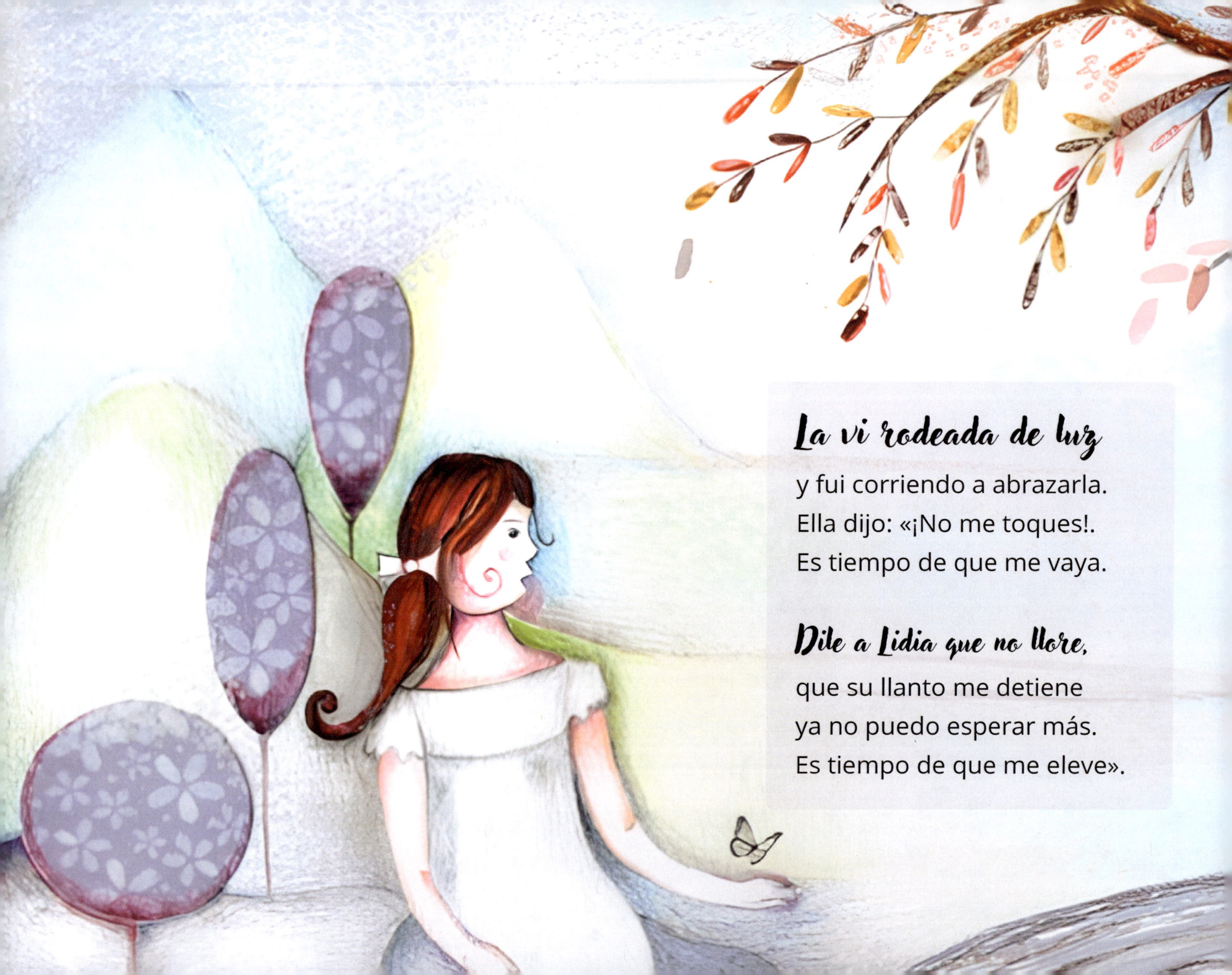

La vi rodeada de luz
y fui corriendo a abrazarla.
Ella dijo: «¡No me toques!.
Es tiempo de que me vaya.

Dile a Lidia que no llore,
que su llanto me detiene
ya no puedo esperar más.
Es tiempo de que me eleve».

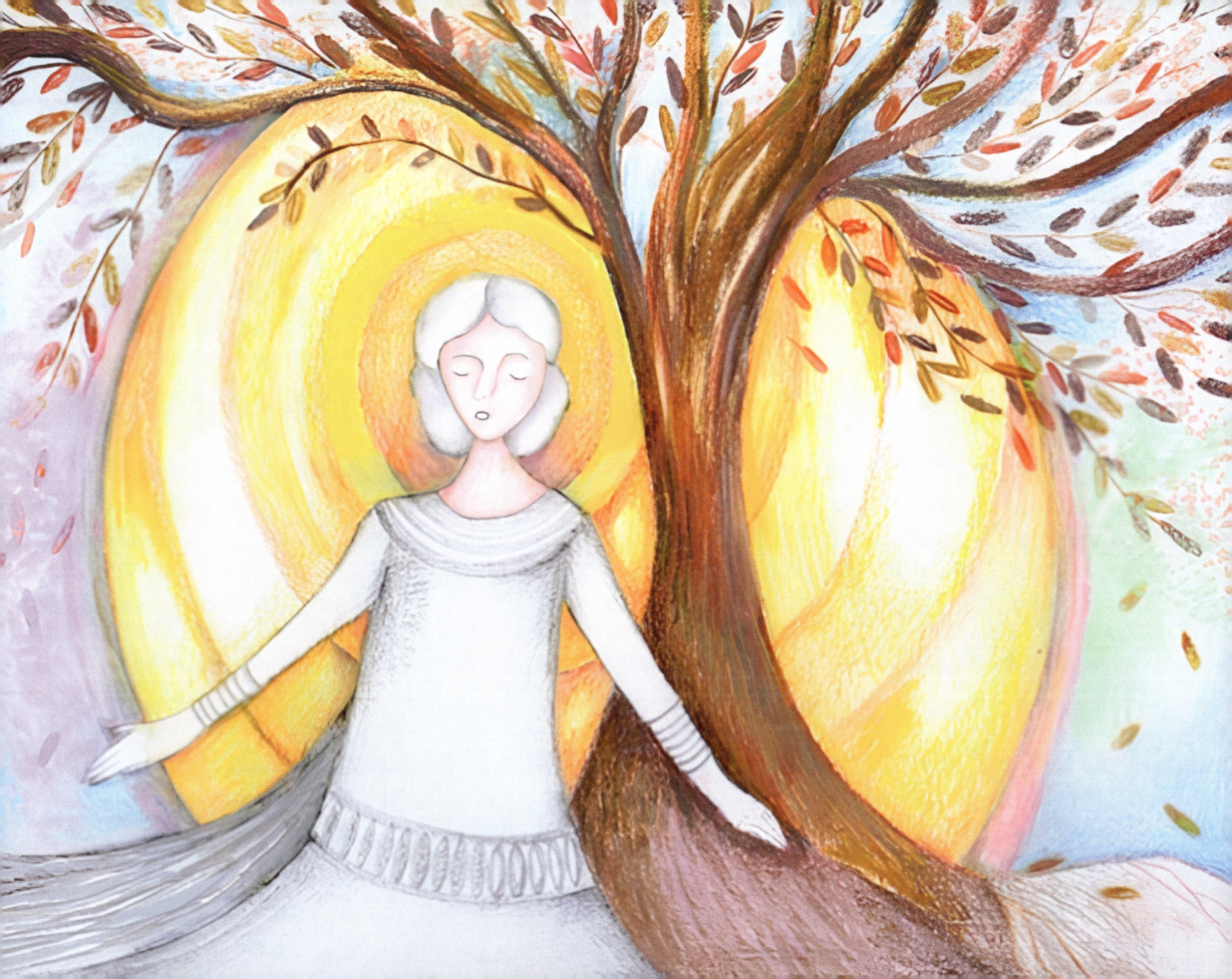

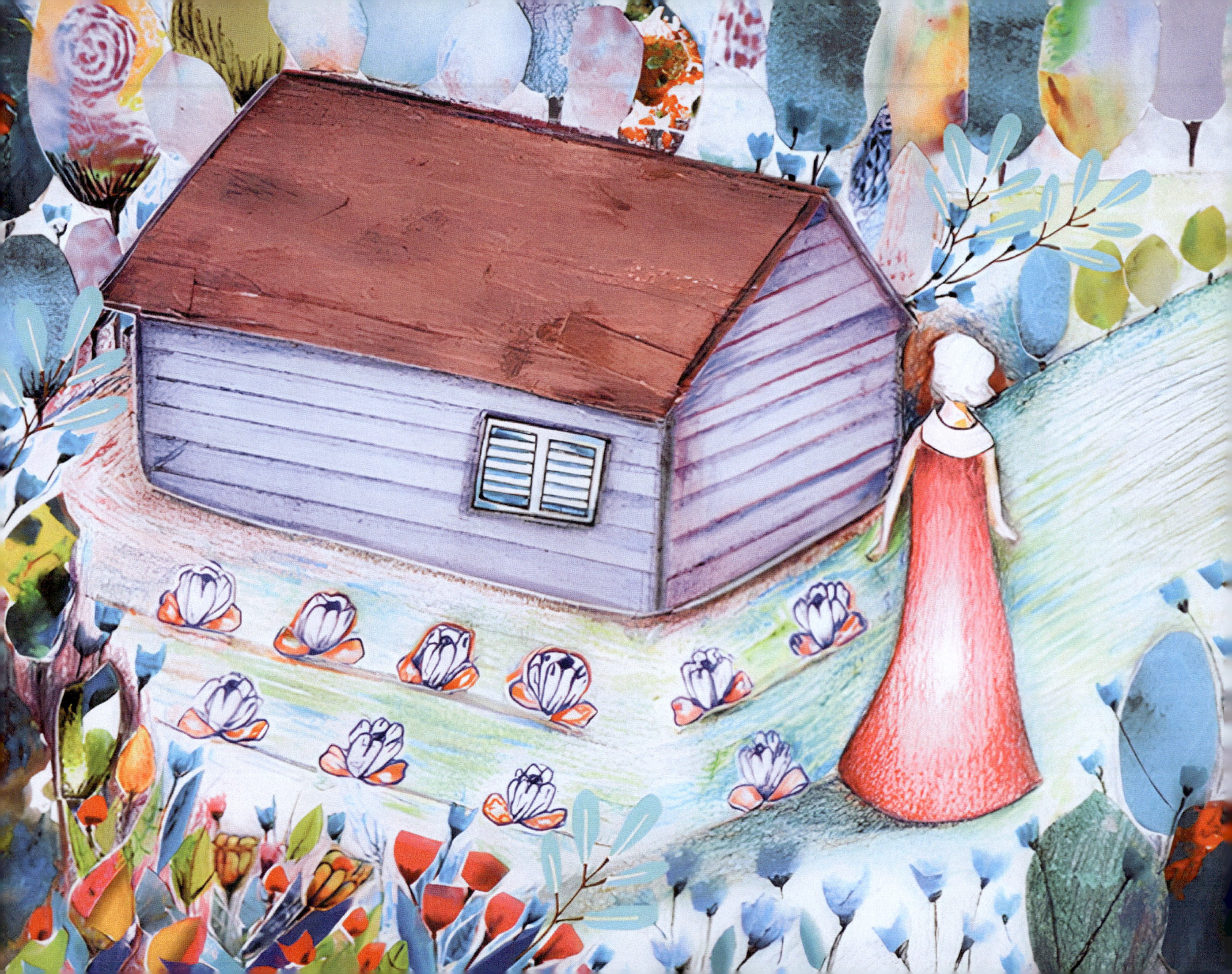

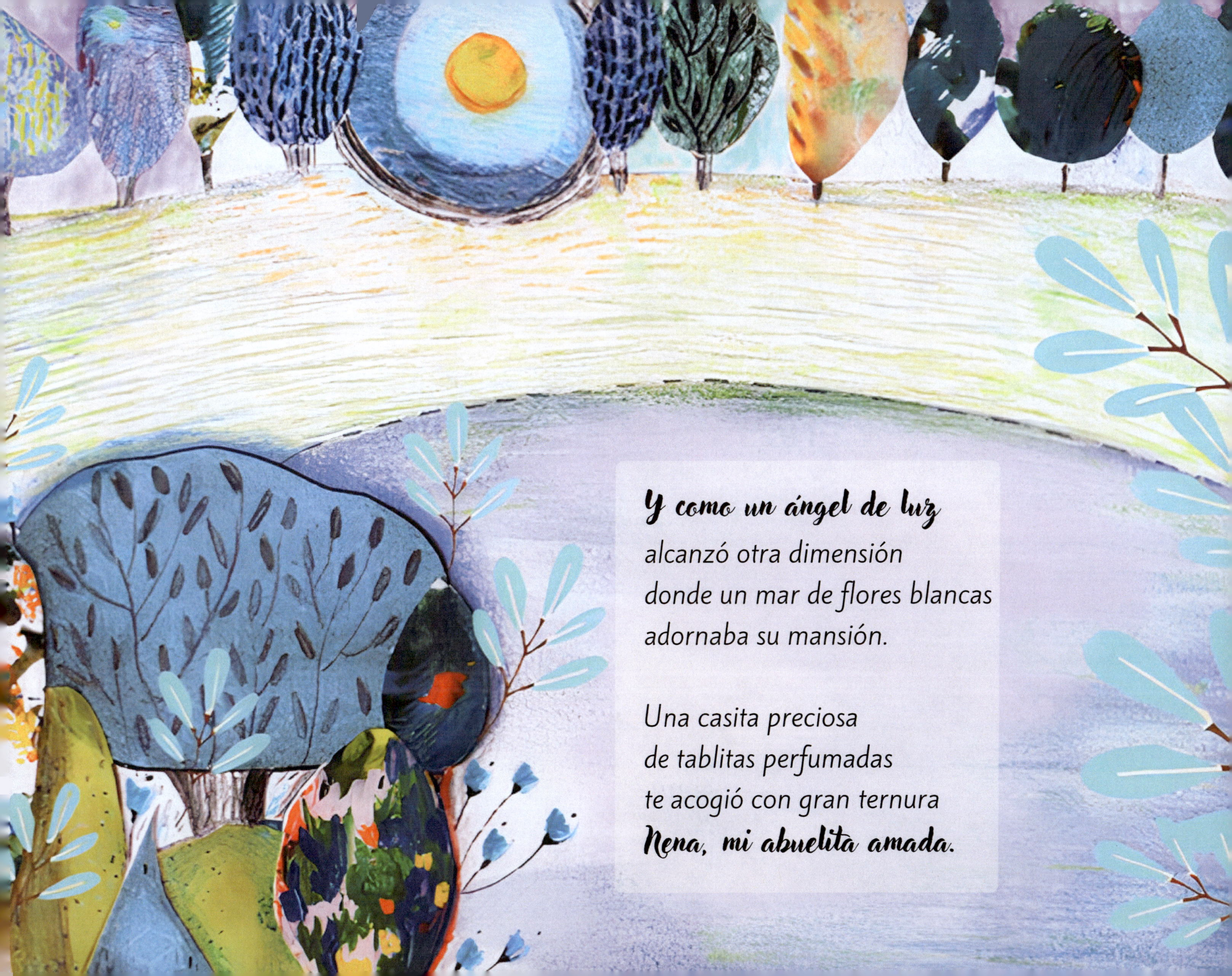

Y como un ángel de luz
alcanzó otra dimensión
donde un mar de flores blancas
adornaba su mansión.

Una casita preciosa
de tablitas perfumadas
te acogió con gran ternura
Nena, mi abuelita amada.

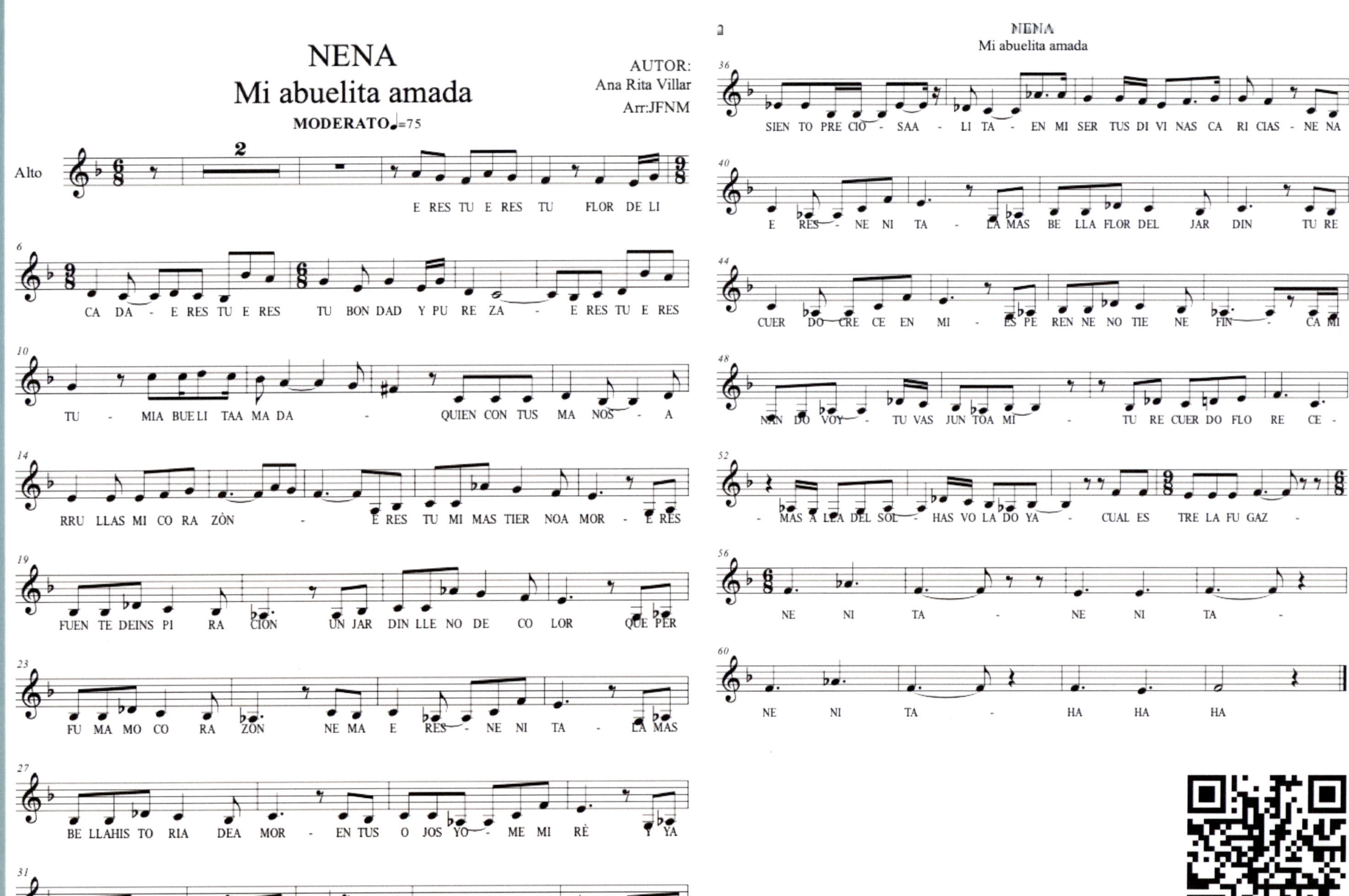

NENA
Mi abuelita amada
AUTOR:
Ana Rita Villar
Arr:JFNM
MODERATO =75
Alto
2
E RES TU E RES TU FLOR DE LI
CA DA E RES TU E RES TU BON DAD Y PU RE ZA E RES TU E RES
TU MIA BUE LI TAA MA DA QUIEN CON TUS MA NOS A
RRU LLAS MI CO RA ZÒN E RES TU MI MAS TIER NOA MOR E RES
FUEN TE DEINS PI RA CION UN JAR DIN LLE NO DE CO LOR QUE PER
FU MA MO CO RA ZON NE MA E RES NE NI TA LA MAS
BE LLAHIS TO RIA DEA MOR EN TUS O JOS YO ME MI RÈ Y YA
NUN CA TEOL VI DA RE POR QUE TU CON TUS MA NOS ME DIS TE TER NU RA YAUN YO
NENA
Mi abuelita amada
SIEN TO PRE CIO SAA LI TA EN MI SER TUS DI VI NAS CA RI CIAS NE NA
E RES NE NI TA LA MAS BE LLA FLOR DEL JAR DIN TU RE
CUER DO CRE CE EN MI ES PE REN NE NO TIE NE FIN CA MI
NAN DO VOY TU VAS JUN TOA MI TU RE CUER DO FLO RE CE
MAS A LLA DEL SOL HAS VO LA DO YA CUAL ES TRE LA FU GAZ
NE NI TA NE NI TA
NE NI TA HA HA HA

Canción

Mi abuelita amada

Eres tú, flor delicada
Eres tú, bondad y pureza
Eres tú, mi abuelita amada
Quien con tus manos arrullas mi corazón.

Eres tú mi mas tierno amor
Eres fuente de Inspiración
Un jardin lleno de color
Que perfuma mi corazón.

Nena eres, Nenita
La más bella historia de amor
En tus ojos yo me miré
Y ya nunca te olvidare.

Porque tú, con tus manos me diste ternura
Y aun yo siento, preciosa abuelita
En mi ser, tus divinas caricias.

Nena eres, Nenita
La más bella flor del jardín
Tu recuerdo crece en mí
Es perenne, no tiene fín.

Caminando voy, tú vas junto a mi
Tu recuerdo florece
Mas allá del sol, has volado ya
Cual estrella fugás
Nenita, nenita...

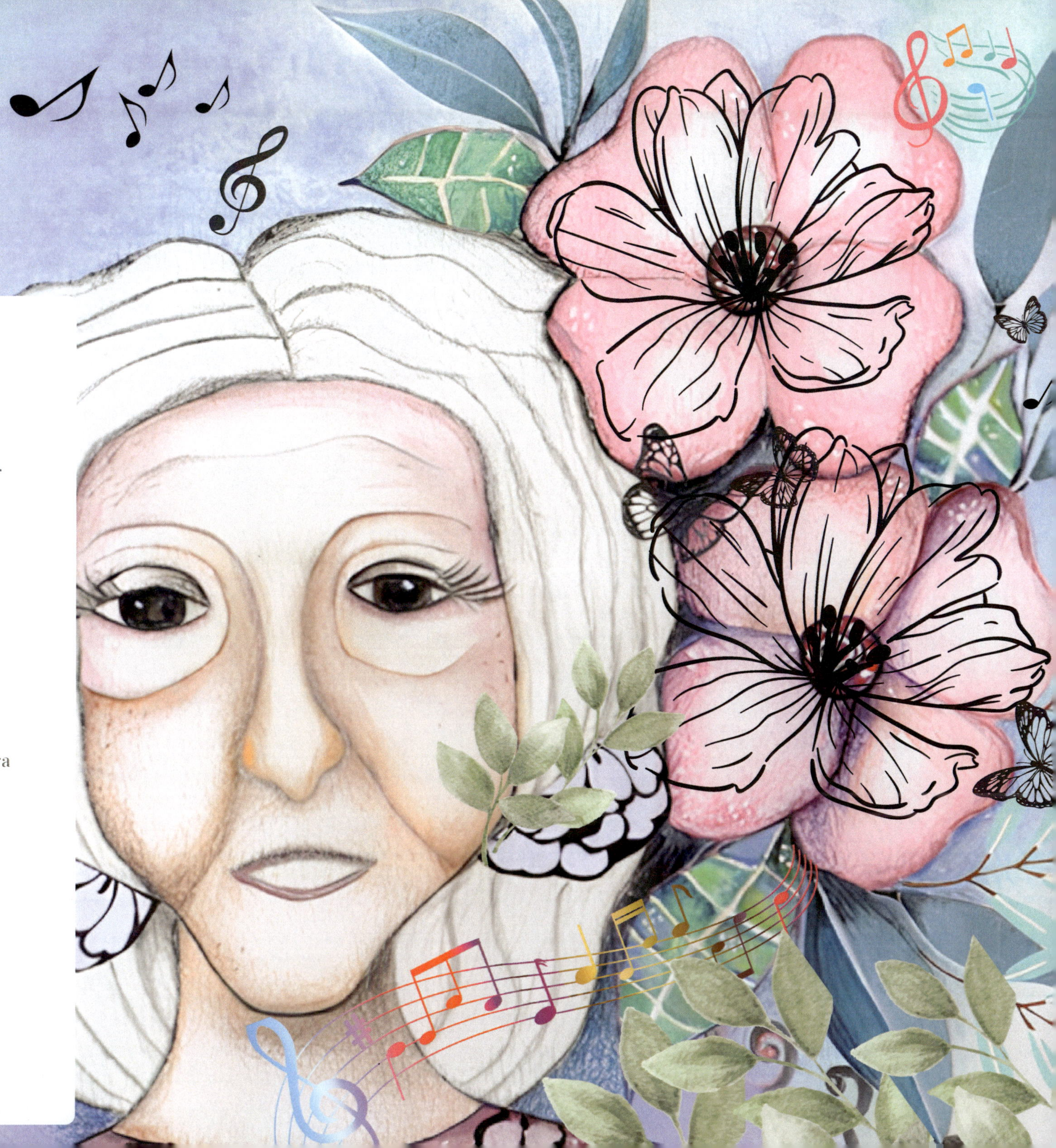

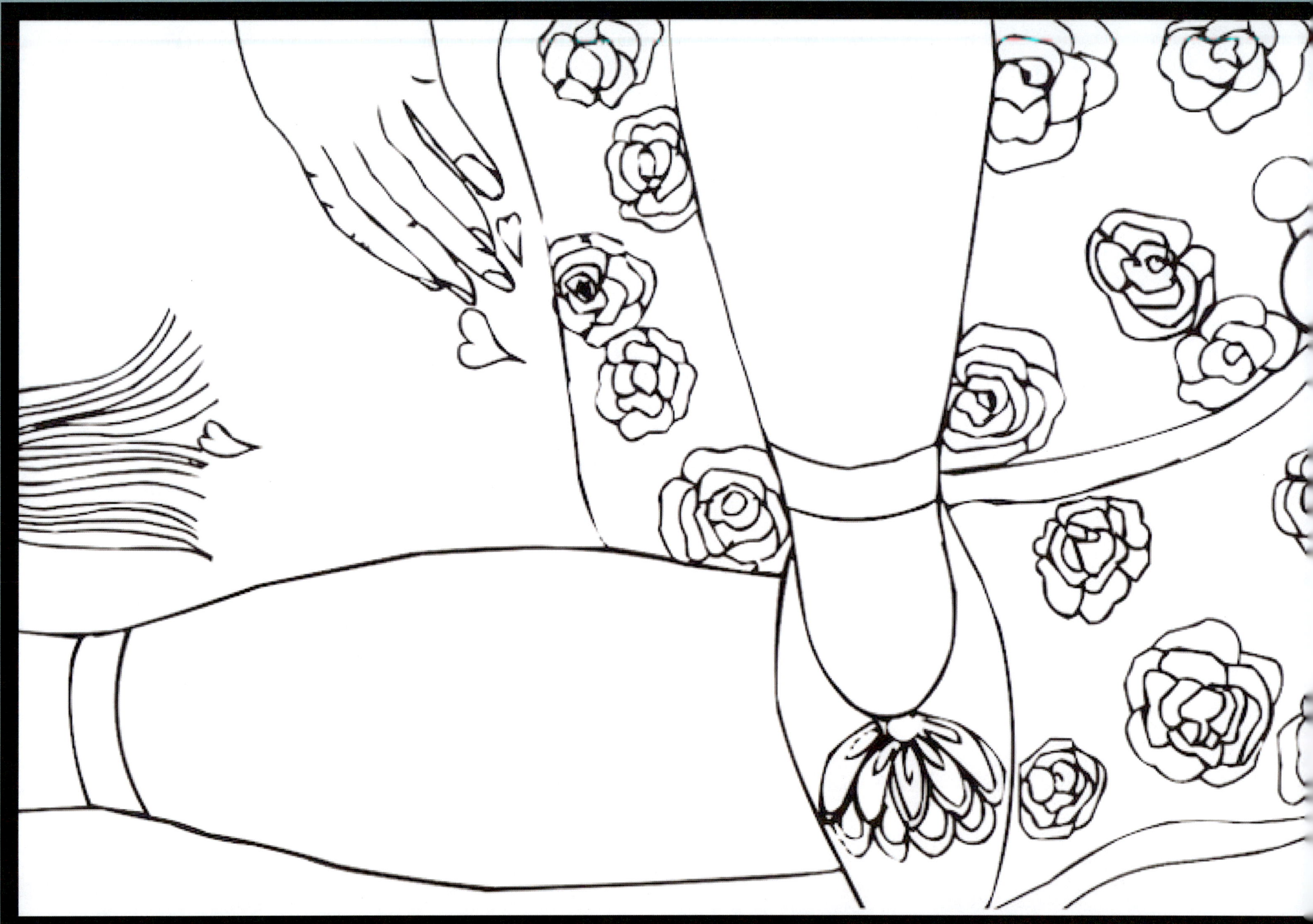

Es un verdadero honor para mí presentarles este libro de cuentos, un proyecto que nació del amor y la ternura que mi querida abuelita compartía con todos nosotros. A través de estas páginas, deseo capturar un pedacito del cariño inmenso que ella nos brindaba a diario.

Mi abuelita era el corazón de nuestra familia. Con su sonrisa cálida y sus brazos siempre abiertos, nos enseñó el significado más profundo del amor y la generosidad. Sus cuidados eran como un suave abrazo que nos envolvía, haciéndonos sentir seguros y amados.

Cada palabra en este libro está impregnada de los valores que mi abuelita nos enseñó: la importancia de ser amables, de cuidar unos de otros y de encontrar la belleza en las pequeñas cosas de la vida. A través de las páginas que componen este libro, espero transmitir un poco de la magia que ella irradiaba.

Recuerdo las tardes junto a ella, mientras me contaba historias maravillosas que despertaban mi imaginación y alimentaban mi alma. Su voz suave y reconfortante sigue resonando en mi memoria, inspirándome a escribir esta historia con la esperanza de llevar un poco de esa magia a todos ustedes.

Agradezco profundamente el amor y el apoyo que mi abuelita me brindó durante toda mi vida. Sus enseñanzas perdurarán en mi corazón para siempre, y este libro es mi humilde homenaje a su legado de amor y bondad.

Espero que al leerla puedan disfrutarla tanto como yo disfruté escribiéndolas. Que cada página les recuerde la importancia de amar, cuidar y valorar a quienes nos rodean.

Con cariño, Ana Rita Villar

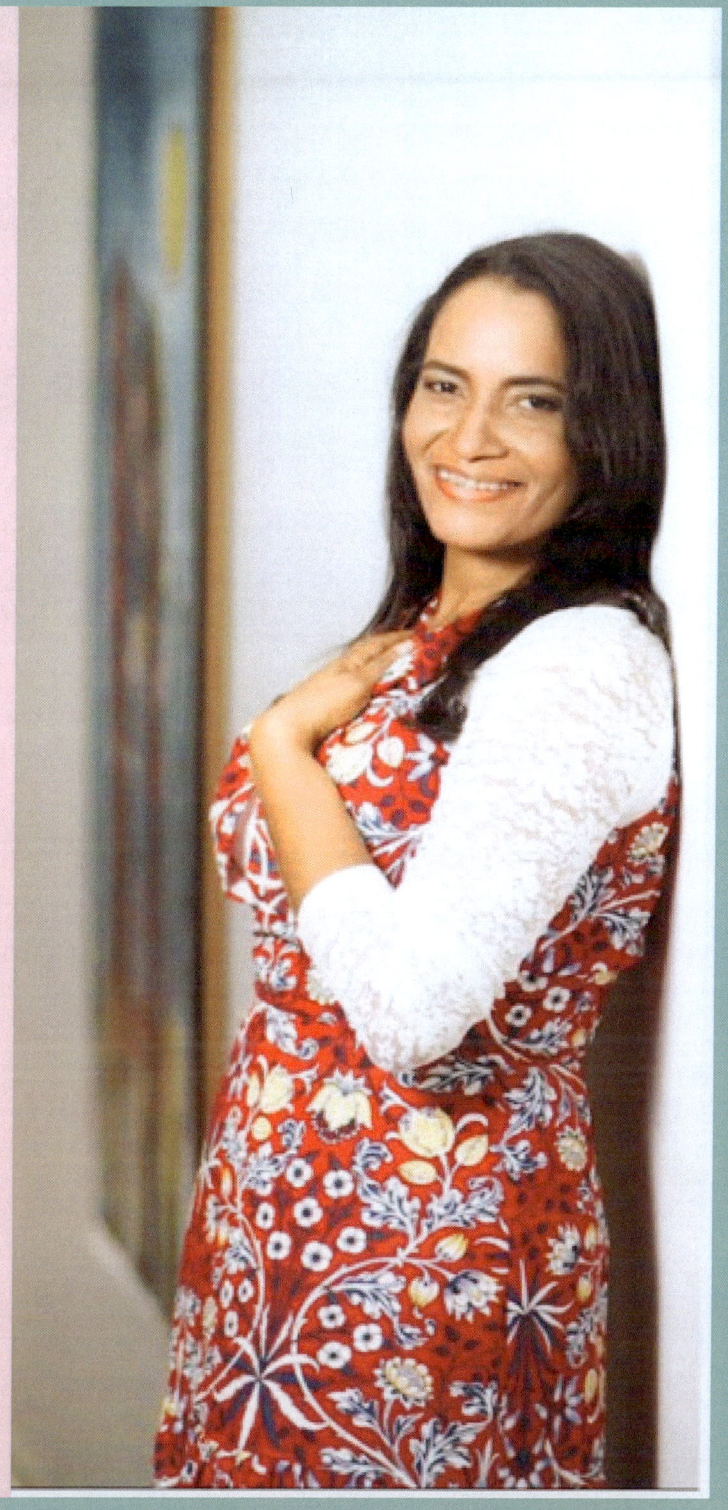

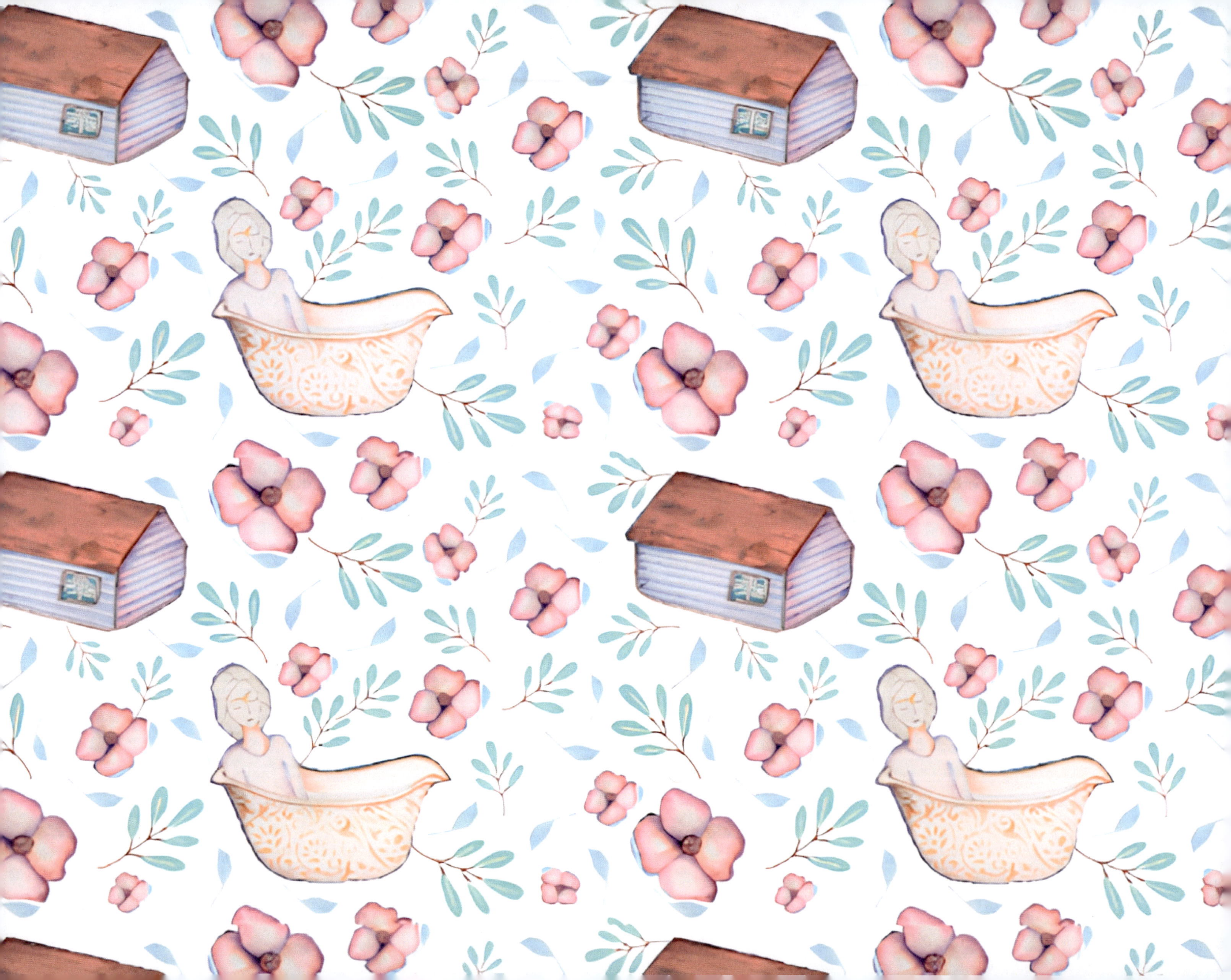

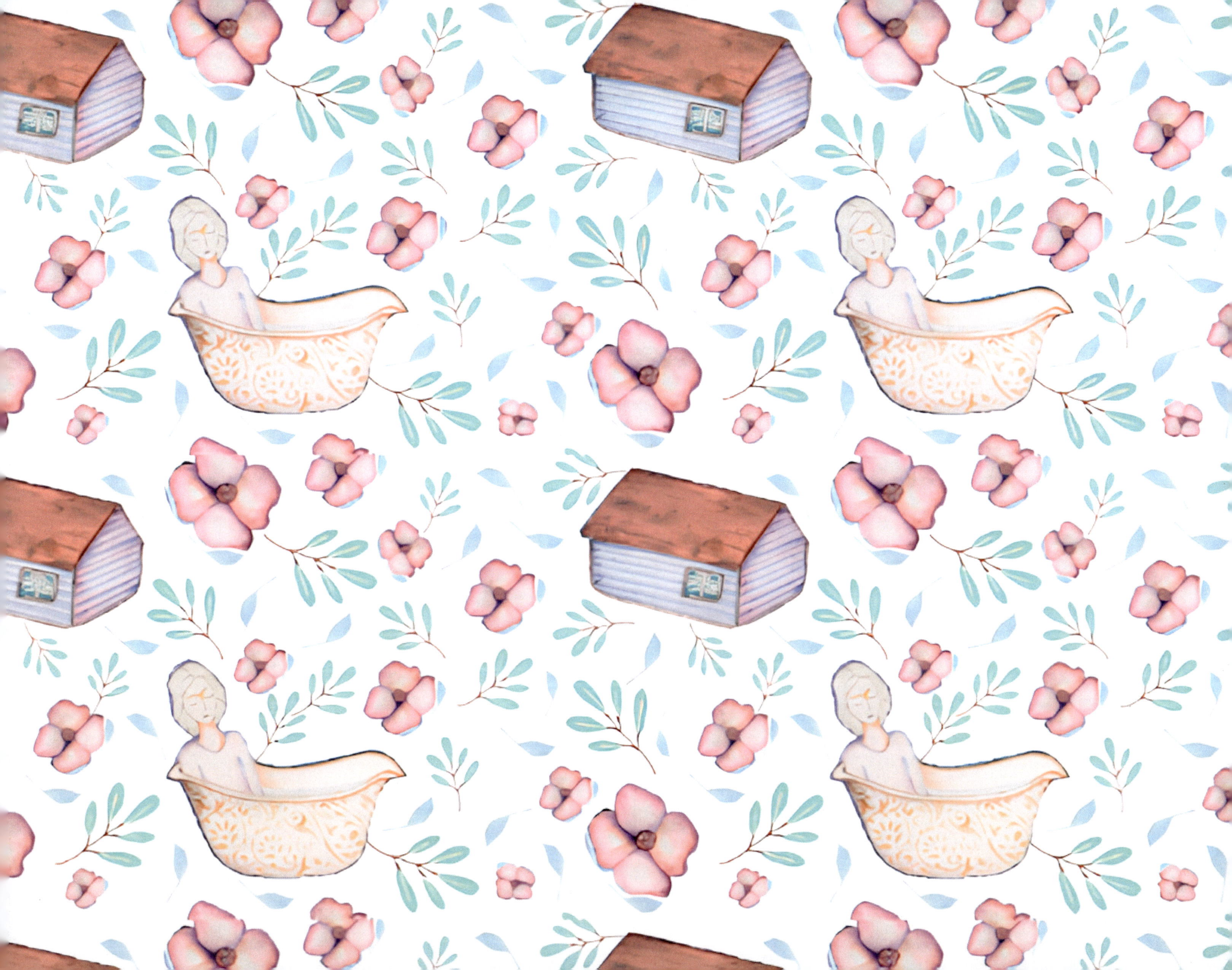